小論文これだけ！

国際・地域・観光・社会・メディア

超基礎編

樋口裕一

東洋経済新報社

はじめに――必要な基礎知識をいちばんやさしく解説

本書は、社会系の学部・学科を志望している人が小論文試験の対策をする場合に、最初に読む参考書として編んだものです。

本書で取り上げる社会系の学部・学科には、次のものが含まれます。

★国際系……名称に**「国際」「グローバル」「異文化」のつく学部・学科**
★地域系……名称に**「地域」「都市」「共生」のつく学部・学科**
★観光系……名称に**「観光」のつく学部・学科**
★社会学系……名称に**「社会学」「社会」のつく学部・学科**
★メディア・コミュニケーション系……名称に**「メディア」「マスコミ」「コミュニケーション」のつく学部・学科**

一見、別のことを学ぶ学部・学科のように見えるかもしれませんが、いずれも「社会はどのように成り立っているか」「これから社会をどうするべきか」を考えるという点で共通しています。

そのため、これらの学部・学科を併願する受験生は多いでしょう。しかも、これらの学部・学科は、一見まったく異なる問題を取り上げているように見えて、じつは同じような小論文問題が出題されています。

本書では、これらの学部・学科がどんな狙いで、どんな小論文問題を出題しているのかを解説しています。

あわせて、それぞれの学部・学科ではどんなことを学び、卒業後はどんな進路がありうるのか、どんな人が向いているのか、そして、小論文問題に対してどんな対策をし、どんな知識を身につけておけばいいのかを、基本的なことからくわしく説明しています。

社会系の学部の小論文について学ぼうとしている人が最初に本書を手にとってくれれば、これから学ぶべき方向が定まり、合格への道が見えてくるはずです。

そののち、『小論文これだけ！』シリーズでいっそう知識を深め、書き方のテクニックを身につければ、よりいっそう力が増すでしょう。

多くの受験生が、本書を利用して、志望学部・学科に求められている知識をまとめ、志望学部をよりしっかりと確定し、的確な勉強をして、合格を勝ち取ることを祈ります。

目次

第1部　まずは小論文の書き方をマスターしよう

第2部

「社会系の5つの学部」それぞれを志望する人が考えておくこと

第3部
「社会系の5つの学部」の小論文に出る基本問題

Part1
国際系についての基礎知識

Part 4

第1部

まずは小論文の書き方をマスターしよう

1 作文と小論文とは何が違う？

ススムくん　志望校の入試科目を調べてみたら、「小論文」が科目に含まれているところがあるんです。僕は小学校のころから文章を書くのが苦手なので、別の大学に志望を変えようかと思っているんです。

先生　小論文はそんなに難しいものではないよ。小論文が入試科目にあるなら、小論文を勉強すればいいんだよ。

ススムくん　でも、自信ないなあ……。すぐに力がつくんですか？

先生　「作文」と「小論文」はまったく別ものだから、作文が苦手だったとしても小論文は書けるようになる。書き方を学んで、あとは知識を増やせば、わりと簡単に書けるようになるものなんだよ。

ススムくん　本当ですか。どうすればいいんでしょうか？
先生　まず「小論文」とは何かを知ることが大切だね。小論文は、作文と違って、「型」と一定のルールさえ理解すれば、誰でも書けるようになるんだよ。

作文と小論文の違いとは？

一般に、小論文は社会について客観的に論じる文章、作文は体験や感想を主観的に書く文章といわれています。しかし、もっとわかりやすい違いがあります。

それは、**小論文は基本的に、イエスかノーかをはっきりさせる文章**、作文はそうではない文章ということです。

あとで説明するように、イエス・ノーで答えにくい問題もあります。そのときには少し工夫が必要です。

しかし、**そもそも論じるというのは、イエスかノーかをはっきりさせること**です。

小論文の基本がイエス・ノーだということを頭に入れておいてください。

ただし、イエスかノーかを答えただけでは1行で終わってしまいます。その理由をはっきりと示す必要があります。

たとえば、「英語の早期教育」というテーマを与えられて小論文を書く場合、その言葉の意味を説明しても、小論文にはなりません。自分が受けた英語教育の経験について語っても、作文にしかなりません。

小論文を書くなら、「英語の早期教育」というテーマに対して、「英語の早期教育は好ましいのか」「英語教育を小学校で本格的に行うべきか」というような問題を考える必要があります。

そして、その問題に対して、イエスかノーかを判断して、その理由をきちんと説明すれば、それが小論文になります。

つまり、**イエス・ノーを判断して、その理由を示すのが小論文**なのです。

まとめ

小論文ってなに？

・あるテーマについてイエスかノーかを判断して、その理由を示すのが小論文

・文章のセンスがなくても、書き方さえマスターすれば、誰でも書けるようになる

どうすれば小論文になる？（テーマ「英語の早期教育」の場合）

①自分の体験（英語の授業を受けたときのこと）や感じたことを書くだけでは、小論文にはならない

②イエスかノーかで答えられる問題にする（「英語の早期教育を行うべきか」）

③それに対して、イエス・ノーのどちらで答えるかをはっきり決めたうえで、その理由を詳しく説明する

↓

こうすることで、小論文になる！

2 小論文の「型」ってなに？

ススムくん　小論文が作文とは違うというのはよくわかりました。でも、具体的に、どうやって書けばいいんでしょうか？　イエス・ノーを判断するといっても、何から書きはじめていいのかわかりません。

先生　そんなときのために、「型」があるんだ。小論文の「型」を身につければ、自然に論理的な文章が書けるようになるんだよ。それをこれから説明していこう。

小論文の「型」には3つある

「型」というのは、論理的に考えるための手順のことです。

実際の小論文試験は、時間内に書き上げなければなりません。そんなとき、「今度はどんな構成で書こうか」と考えている余裕はありません。

「型」どおりに書く練習をしておいて、本番でもその**「型」を使って書けば、いつでも論理的な文章を書くことができる**のです。

次の3つの「型」を身につけておけば、ほとんどの場合に使えるはずです。

小論文を書くときに使う「型」

①A型

200字や300字で書く場合に用います。

まず自分の意見をズバリ示し（第1部）、次にその根拠を詳しく説明するようにします（第2部）。

●A型の構成

第1部……自分の主張をズバリ書く
第2部……その主張の根拠を説明する

例

英語を早期教育するべきだという意見があって、小学校低学年から英語を取り入れるという案が出されているが、私はその案に反対である。

英語を小学校低学年から行うと、ほかの科目がおろそかになってしまう。小学校では英語よりも、もっと日常の生活に必要な学力をつけることをめざすべきだ。国語や社会科、道徳など社会に出て直接に役に立つ科目を学ぶべきである。それなのに英語の勉強を本格化すると、国語の力が十分につかず、社会についても知らないまま英語を学ぶことになる。

②B型

これも、200字や300字の短い文章の場合に使います。**「A型」とは逆のパターン**です。

つまり、問題への答えを最後に書き（第2部）、そこにいたる流れ、背景・具体例などをその前の部分で詳しく説明する（第1部）パターンです。

問題によっては、「A型」を用いて最初にズバリ答えを書くと、そのあとを続けにくくなることがあります。

そんなときに、この「B型」を使うといいでしょう。

●B型の構成

第1部……結論にいたる根拠を説明する
第2部……結論として、問題への答えを示す

例

英語を小学校低学年から行うと、ほかの科目がおろそかになってしまう。小学校で

は英語よりも、もっと日常の生活に必要な学力をつけることをめざすべきだ。国語や社会科、道徳など社会に出て直接に役に立つ科目を学ぶべきである。それなのに英語の勉強を本格化すると、国語の力が十分につかず、社会についても知らないまま英語を学ぶことになる。

したがって、英語を早期教育するべきだという意見があって、小学校低学年から英語を取り入れるという案が出されているが、私はその案に反対である。

③C型

400字を超す場合には、次のような四部構成を使うことができます。

ほとんどの小論文に、この「C型」である四部構成が有効です。

1000字くらいまでの小論文なら、それぞれの部分をひとつの段落で書いて、全部を4段落にするといいでしょう。

合計1000字を超すときには、第2部と第3部をそれぞれ2つの段落に分けてもかまいません。

具体的には、次のような四部構成です。

●第1部「問題提起」

与えられたテーマをイエス・ノーの問題にして、論点を明確にする部分です。「英語の早期教育」というテーマの場合、ここで、「英語の早期教育を行うべきか」などのイエス・ノーの問題にします。

設問が「英語教育の早期化をもっと進めるべきか」などというように最初からイエス・ノーの問いかけになっている場合は、それをそのまま問題提起にすればいいでしょう。

課題文があって、それについて論じる小論文問題のときには、ここで課題文の主張をまとめます。

また、対策や今後の課題などが問われている場合は、イエス・ノーの問いかけの代わりに、「私はこういう対策をすべきだと考える」などのように、自分の考えをズバリ示して、それが正しいかどうかについて問題提起します。

分量としては、全体の10～20パーセントが適当です。

●第2部「意見提示」

この部分で、問題提起に対してイエス・ノーのどちらの立場で書くかをはっきりさせます。

ここは、「確かに……。しかし……」という構文を使うと、書きやすいでしょう。「確かに……」で予想される反対意見を説明したうえで、「しかし……」で自分の意見を言います。

そうすることで、「きちんと反対意見を考えたうえで判断していますよ」とアピールできます。また、字数稼ぎにもなります。

全体の30～40パーセントほど書くといいでしょう。

●第3部「展開」

ここで、イエス・ノーの根拠をしっかりと説明します。

小論文でいちばん大事なのは、この部分です。

イエス・ノーの根拠を、読んでいる人が納得のいくように説明できているかどうかで、その小論文の価値が決まります。根拠を示したあと、どうすればよくできるかの対策を書くこともできます。

全体の40〜50パーセントを占めます。

●第4部「結論」
問題提起に対するイエス・ノーをもう一度まとめて、改めて自分の立場を明確にする部分です。

作文のように、努力目標を付け加えたり、余韻を持たせたりする必要はありません。

全体の10パーセント以下で十分です。

まとめ

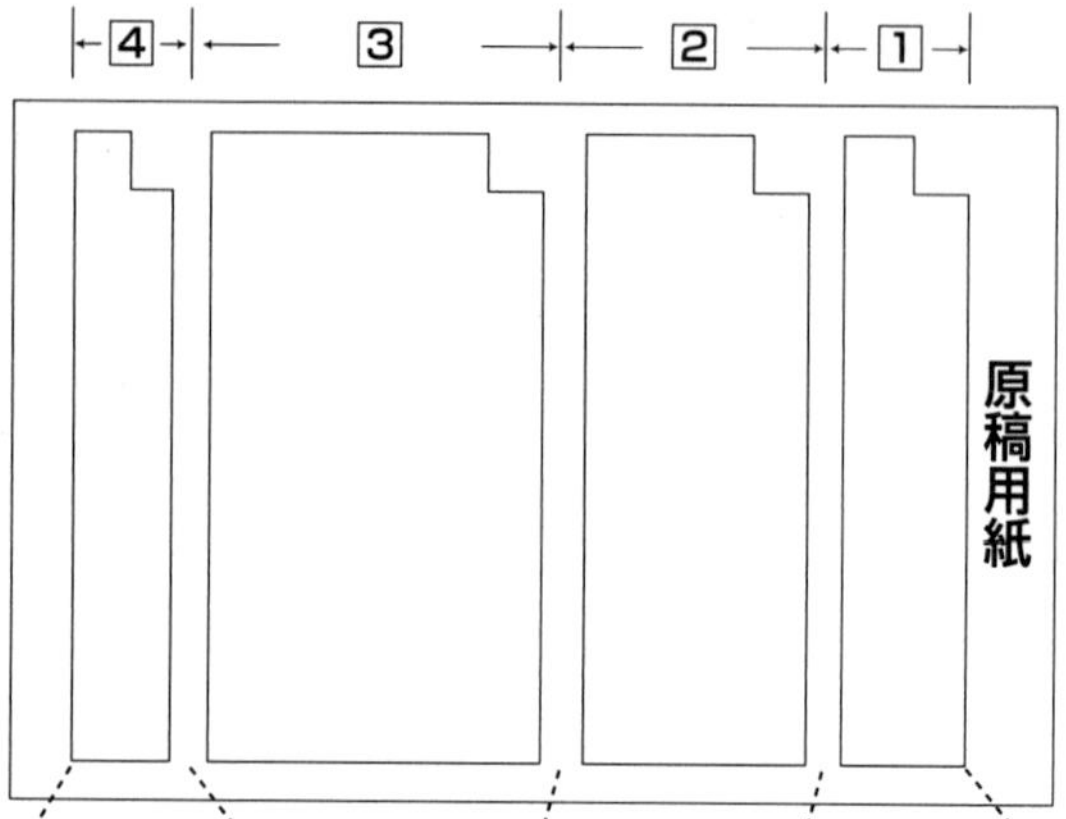

基本形・書き出し例

問題提起 10～20%	意見提示 30～40%	展開 40～50%	結論 10%以下
「……だろうか。」	「確かに、……。しかし、……。」	「なぜなら、……。」「その背景には……。」「そもそも○○とは、……。」	「以上により、……。」「したがって、……。」

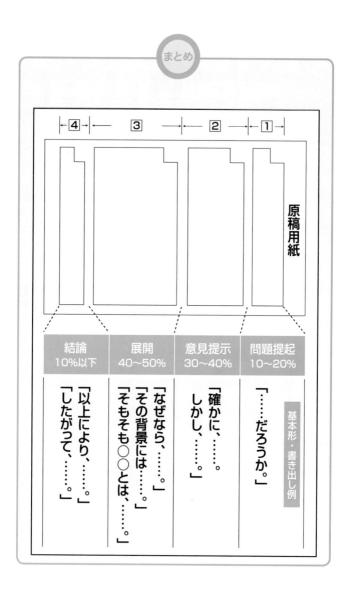

例

英語を早期教育するべきだという意見があって、小学校低学年から英語を取り入れるという案が出されている。では、小学校低学年から英語の勉強を始めるような早期教育を行うべきなのだろうか。

確かに、小学校低学年から英語教育をすれば、文法よりも耳を重視した英語教育ができる。小学生なら、発音を恥ずかしがらずに文法を意識しないまま学ぶことができ、英語力が伸びることが考えられる。しかし、私は小学校低学年から英語を教えるべきではないと考える。

その最大の理由は、英語を小学校低学年から行うと、ほかの科目がおろそかになるからだ。小学校では英語よりも、もっと日常の生活に必要な学力、すなわち国語や社会科、道徳など社会に出て直接に役に立つ科目を学ぶべきである。それなのに英語の勉強を本格化すると、国語の力が十分につかず、社会についても知らないまま英語を学ぶことになる。そうなると、言語の力がついていないので、英語の力もつけることができなくなる。社会で暮らすための基礎知識が身につかないのである。

以上述べたとおり、私は小学校から英語教育を本格化することに反対である。

小論文を書くためには、この四部構成の「型」をしっかりと頭に入れてください。

この**「型」さえ頭に入れておけば、どんな問題に対しても、きちんとした小論文が書けるように**なります。

まずは、この「型」をしっかりと練習することが大切です。

3 小論文を書くときの7つのポイントは？

先生　小論文をどう書けばいいかは、だいたいわかってもらえたかな。

ススムくん　はい、「型」については、だいたいわかりました。「A型」と「B型」は、言いたい内容について知識があったら、書けそうな気がします。でも、いちばん小論文試験に使えるのは「C型」なんでしょう？　自信ないなあ……。

先生　そうだね。「C型」は長い文章だから、もう少し練習が必要だね。小論文を書くときに注意してほしいことがいくつかあるので、それを説明しよう。

7つのポイントを守って書けば、論理的な文章になる

実際に「型」を守って書くときには、次の7つのポイントに注意するのがコツです。**この7つをしっかり守って書けば、小論文にふさわしい論理的な文章になります。**

小論文を書くときのポイント

①問題提起は、賛否両論のあるものにする

「英語の勉強は大事か」「英語を学んでいる人が多いか」などのように、イエス（またはノー）に決まっている問題提起にしても、論は深まりません。

「英語の早期教育を行うべきか」というテーマの場合、イエス・ノーの両方の意見があります。ですから、反対意見を考えながら、自分の意見を深めることができます。

なお、「どちらとも言えない」「中間がいい」「場合による」と答えたくなることがあるかもしれませんが、**小論文というのは、理念を答えるもの**です。

実際には中間を考えるしかないというような場合もあるのですが、**理念としてどちらのほうがより好ましいかをきちんと断定して書いてこそ、論旨の明確な合格小論文になります。**

また、どうしても賛否両論のある問題提起にできない場合は、イエス・ノーの問いの代わりに「私は～と考える」のように、**最初に自分の意見をズバリ示し、それが正しいかどうかを第2部以下で検証する**ようにしましょう。

小論文を書くときのポイント

②第2部の「確かに」のあとと「しかし」のあとをきちんとかみ合わせる

「Aだろうか」という問題提起をしたら、「確かに、Aの面もある。しかし、私は反Aと考える」、あるいは「確かに、反Aの面もある。しかし、私はAと考える」というように書く必要があります。

途中で別のことを書き出したりしては、論がズレてしまいます。

「英語の早期教育を行うべきか」と問題提起しながら、「確かに、早期教育をするほうがいい。しかし、できていない学校が多い」などと続けると、論がズレてしまいます。

「確かに、英語の早期教育を行うほうが、いい面があるかもしれない。しかし、早期教育を行うべきではない」としなくてはいけません。

小論文を書くときのポイント

③第2部の「確かに」のあとはきちんと説明する

「確かに」のあとに反対意見を書いても、そこが短すぎると、読んでいる人を説得できず、字数稼ぎもできません。

「確かに、英語の早期教育のいい面はある。たとえば、このような場合だ」というように、**ある程度の字数を使って具体的な説明を加える**必要があります。

小論文を書くときのポイント

④第2部の「しかし」のあとは書きすぎない

「確かに……。しかし……」の「しかし」のあとに、つい、あれこれと書いてしまう人がいます。

しかし、それでは、次の第3部に書くことがなくなって、同じことの繰り返しになったり、論がズレてしまったりします。

「しかし」のあとは、問題提起に答えるだけにして、詳しい理由は、次の「展開」の部分に回してください。

小論文を書くときのポイント

⑤第3部では、「社会にとってどうか」を考える

第3部には自分の意見の理由（根拠）を書きますが、**「自分にとって楽しいかどうか、得かどうか」ではなく、「社会にとってどうか」という視点で考える**必要があります。

「英語の早期教育」がテーマであれば、英語を学ぶことが自分にとって楽しかったか、子どものころにどうしたかではなく、それがこれからの日本社会にとっていいことなのか、日本の子どもにとっていいことなのかなどを考えます。

また、志望学部の傾向に合わせて、ここで「これからの国際社会はどうあるべきか」「これからの地域社会はどうあるべきか」という問題とからめると、いっそう説得力が増します。

たとえば、国際系の学部でしたら、「早期の英語教育をすることによって、子どものうちから、国際社会に必要な多様なものの見方を身につけることができる」というように書くといいでしょう。

小論文を書くときのポイント

⑥第3部では、意見の理由を1つか2つに絞って書く

自分の意見の理由を3つも4つも、時には5つも6つも並べる人がいますが、それでは

すぐれた小論文にはなりません。

理由をたくさん書くより、1つか2つに絞って詳しく説明するほうが説得力が増します。

600字の小論文の場合には、せいぜい2つくらいに絞って説明するように心がけてください。

⑦第4部では、結論だけを書く

第4部で結論を書いたあと、つい、いろいろと付け加えてしまう人がいます。「したがって、英語の早期教育はよくない。ただし、次のようにすれば、早期教育してもいい」などのように、です。

これでは結局、何が言いたいのかがぼやけてしまいます。

第4部では、結論だけをズバリと書いて、よけいなことは付け加えないようにしましょう。

まとめ

「型」で書くときの7つのポイント

①問題提起は、賛否両論のあるものにする

②第2部の「確かに」のあとと「しかし」のあとをきちんとかみ合わせる

③第2部の「確かに」のあとはきちんと説明する

④第2部の「しかし」のあとは書きすぎない

⑤第3部では、「社会にとってどうか」を考える

⑥第3部では、意見の理由を1つか2つに絞って書く

⑦第4部では、結論だけを書く

4 小論文を書くときの8つの基本ルール

ススムくん　小論文の書き方はよくわかりました。いまの7つのポイントに注意して、四部構成を守って書けば、小論文になるわけですね。

先生　そうだね。ただし、きちんとした小論文にするためには、守らなければならないルールがある。

とくに受験小論文の場合は、大学の先生に審査されるわけだから、きちんとルールにのっとって書かなくてはいけない。これから、そのルールを説明していこう。

小論文は、基本ルールを守って書こう

小論文を書くときには、守らなければいけない基本ルールがあります。

その8つの基本ルールについて解説します。

小論文を書くときの基本ルール

①小論文は「だ・である」調で書く

小学校の作文の場合、「です・ます」調（敬体）で書くのが一般的です。いまでも、その習慣が抜けない人が少なくありません。

しかし、**小論文は、常体、つまり「だ・である」調で書くのが原則**です。「です・ます」を使うと、どうしても間延びした文体になってしまいますが、「だ・である」にすると引き締まった、小論文らしい文体になります。

「だ・である」で書いているのに、途中で「です・ます」が交じってしまう人もいますが、それは最も低い評価を受けます。

日本語の文章の書き方として、**「だ・である」と「です・ます」を交ぜるのは、絶対にしてはいけない**ことです。

その点は、とくに注意しましょう。

悪い例

英語の早期教育が話題になっています。はたして、英語の早期教育を行うべきだろうか。

正しい例

英語の早期教育が話題になっている。はたして、英語の早期教育を行うべきだろうか。

②一文を短くする

文章を書き慣れない人は、どうしても一文が長くなってしまいます。

一文が長くなると、読みにくいし、書いているほうも、途中で訳がわからなくなってしまいます。主語と述語がかみ合わなくなって、文法的におかしな文章になることも多くなります。

文を書く前に、頭の中で整理して、**一文はできれば60字以内に収める**ように心がけましょう。

そうすれば、自然にまとまりのある、整理された文章になります。

×

悪い例

確かに、小学校低学年から英語教育をすれば、文法よりも耳を重視した英語教育ができるし、小学生なら、発音を恥ずかしがらないで文法を意識しないまま学ぶことができ、英語力が伸びることが考えられるが、私は小学校低学年から英語を教えるべきではないと考える。

○

正しい例

確かに、小学校低学年から英語教育をすれば、文法よりも耳を重視した英語教育ができる。小学生なら、発音を恥ずかしがらずに、文法を意識しないまま学ぶことができ、英語力が伸びることが考えられる。しかし、私は小学校低学年から英語を教えるべきではないと考える。

③「話し言葉」でなく、「書き言葉」で書く

文章を書くときは、**ふだん友達と話すときに使う「話し言葉」ではなく、「書き言葉」を使って書くのが原則**です。

とくに受験小論文は、大学の先生に読んでもらうための文章なので、流行語や略語、若者言葉などは使ってはいけません。

いまの若者は、何が「話し言葉」で、何が「書き言葉」かがわかっていないことも多いので、次にいくつか例を挙げておきましょう。

うっかり「話し言葉」が交じらないように、気をつけてください。

うっかり使いがちな「話し言葉」の例

・なので（接続詞として）→ だから／したがって

・でも、けど → しかし、だが

・〜だって → 〜も

・〜なんか → 〜など

・〜じゃない → 〜ではない

・〜みたいな → 〜のような

・〜してる → 〜している

・〜しないべき → 〜するべきではない

・〜と思う → 〜と考える
（「思う」はあまり使うべきではない）

✕

悪い例

英語を早くから学ぶと、発音とかはうまくなるだろう。なので、早くから勉強するほうがいいっていう人がいるけど、早期の英語教育なんてしないべきだと思う。

○

正しい例

英語を早くから学ぶと、発音は上達するだろう。したがって、早くから勉強するほうがいいという人がいるが、早期の英語教育をするべきではないと考える。

④自分のことは「私」と書く

自分のことは、**男女を問わず、「私」と書くのが原則**です。
「僕」「自分」「おれ」などを使ってはいけません。

悪い例
したがって、僕は英語の早期教育をするべきだと考える。

正しい例
したがって、私は英語の早期教育をするべきだと考える。

⑤弁解しない

テーマがよく知らないことだったり、自分の意見に自信がなかったりすると、つい「私はこんなことをいままで考えたことはなかったが」「私にはこんな難しいことはわからないが」などと言い訳を書いてしまいたくなります。

しかし、これも絶対にしてはいけません。言い訳つきの意見は説得力がありません。

たとえ自信がなくても、**はっきりと自分の意見を言い切る**ようにしましょう。

✕ 悪い例

いろいろな立場があって、絶対とは言えないかもしれないが、私は英語の早期教育は、やりようによってはいいと思っている。

○ 正しい例

私は、英語の早期教育を行うべきだと考える。

⑥台詞を使わない

作文を書く場合には、台詞《せりふ》を使って、いきいきと場面を描写するのがいいとされています。

しかし、小論文では、**たとえ自分の体験を書く場合でも、台詞を使わないのが原則**です。

誰かの言った言葉を引用しなければならないような場合でも、改行する必要はありません。

カギカッコをつけて、そのまま行を変えずに書くようにしましょう。

✕

悪い例

私が小学生のころ、友達に英語教室に通っている人がいた。

「グッモーニン、エクスキューズ・ミー」

などとしゃべっているのを聞いたことがある。

「すごいな」

と、小学生の私は思っていた。

○

正しい例

小学生のころ、友達に英語教室に通っている人がいた。英語であいさつするのを聞いて、私は感心していた。

⑦原稿用紙の正しい使い方を守る

受験小論文は、試験のときに配られる解答用紙に書きますが、学校で習った**原稿用紙の書き方にのっとって書くのが原則**です。

すでに忘れてしまっていたり、間違って覚えていたりすることも多いと思うので、次に挙げる主なルールをしっかりと頭に入れておいてください。

原稿用紙の書き方の主なルール

・必ず楷書（学校で習った文字）で書く。くずし字や略字を使ってはいけない。

・書き出しと段落のはじめは、必ず1マス空ける。

・原則として、1マスに1字を埋める。句読点やカッコも1マス分をとる。

・行の最初のマスには、句読点や閉じカッコを書かない。これらが行の最初にくるときには、前の行の最後のマス目の中か下に書く。

・拗音《ようおん》や促音《そくおん》（「知っている」の「っ」など）は、そのまま行の最初のマスに書く。

・数字は、原則として、縦書きの場合は漢数字（一、二、三……）、横書きの場合は算用数字（1、2、3……）を使う。

・横書きの場合、数字やアルファベット（略語や英語表記など）は、1マスに2字ずつ入れるのが原則。

⑧制限字数を絶対に守る

受験小論文では、設問ごとに「○○字以内で書きなさい」「○○字程度で書きなさい」などと、制限字数が指定されています。

制限字数は絶対に守らなくてはいけません。「○○字以内」とあるのに、それを1字でもオーバーしてしまうと、不合格にされても文句は言えません。

制限字数の9割以上、つまり「800字以内」だと720字以上書くのが理想ですが、**少なくとも8割以上、すなわち640字以上書けていれば許容範囲です。**

「○○字程度」という場合、プラス・マイナス10パーセント、つまり800字のときには720字から880字までが理想です。

これも、プラス・マイナス20パーセントまでは許されます。

「○○字以上○○字以内」という場合は、もちろん、その範囲に収まっていなければいけません。

まとめ

小論文を書くときの8つの基本ルール

①小論文は「だ・である」調で書く

②一文を短くする

③「話し言葉」でなく、「書き言葉」で書く

④自分のことは「私」と書く

⑤弁解しない

⑥台詞を使わない

⑦原稿用紙の正しい使い方を守る

⑧制限字数を絶対に守る

5 社会系の小論文の特徴は？

先生　さあ、これで小論文の基礎は理解できたかな？

ススムくん　だいたいわかりました。

先生　あとは、志望している学部がどんな知識を求めているか、それがどんな学部なのかを知って、求められている知識を身につけていくことが大事なんだよ。いくら書き方を理解しても、書く内容がなければ、合格できる小論文にはならないからね。

ススムくん　わかりました。

先生　ただ、もうひとつ注意しておくことがあるんだ。君が志望しているのは社会系の学部だね。その場合、ちょっと特有の傾向があるんだ。

ススムくん　どんな傾向ですか？

先生　では、それを説明しよう。

社会系の小論文では、アイデアを尋ねる問題がよく出る

社会系の小論文の場合、アイデアを尋ねる問題がよく出されます。

「……するのに、どうするべきでしょう。あなたの意見を書きなさい」というような問題です。

たとえば、「地域を活性化するには、どのような対策をとるべきですか。あなたのアイデアを書いてください」というような問題が出されます。

そのような場合も、基本的には、前に説明した「型」を使います。

①字数が300字以下の場合→「A型」を使う

字数が300字以下の場合、「A型」を使うとうまくいきます。

字数が300字を超すような場合も、第2部を「第一に、……。第二に、……。第三に、……」として書くこともできます。

第1部……ズバリと自分のアイデアを書く
第2部……それを詳しく説明する

②字数が多い場合→「C型」を使う

字数が多い場合は「C型」を使うこともできます。

次に紹介する「C型その1」「C型その2」のうちのどちらを使うかは、問題によって、あるいは自分の知識によって選びます。

★C型その1

第1部……ズバリと自分のアイデアを書く。

第2部……「確かに」のあとに、このアイデアには問題点があることを示したのちに、それでも、そのアイデアが最重要だということを示す。

たとえば、「確かに、このアイデアはお金がかかりすぎる。したがって、すぐには難しい。しかし、これは大事なことだ」などとする。

第3部……自分のアイデアがなぜいいのか、具体的にどんなことをするのかを説明する。

第4部……最後に、自分のアイデアを実行に移す場合、どんな覚悟が必要かなどを示す。

★C型その2

第1部……ズバリと自分の最もいいアイデアを書く。

第2部……「確かに」のあとに、第二、第三のアイデアを示す。そして、「しかし、最初に示したアイデアが最もいい」と書く。

「確かに、ほかにも、こんなアイデアがある。また、こんなアイデアもある。しかし、最初に示したのが最もいい」などとする。

こうすることで、いくつかのアイデアを要領よく書くことができる。

第3部……最初に示したアイデアがなぜいいのか、具体的にどんなことをするのかを説明する。

第4部……最後に、自分のアイデアを実行に移す場合、どんな覚悟が必要かなどを示す。

第2部

「社会系の5つの学部」それぞれを志望する人が考えておくこと

ススムくん　僕は社会学部を志望しているんですけど、社会学部が何を勉強するところか、よく知らないんです。どんなことを勉強するんですか？

先生　そうだね。社会学部というのはとても間口の広い学部なので、とらえどころがないといえるだろうね。

ところで、君は絶対に社会学部に行くって決めているのかい？

ススムくん　いえ、ほかの学部も考えています。少し勉強してから、最終的に決めるつもりなんです。

先生　君のように社会系の学部を志望する人には、いくつかの学部を併願する人が多いね。

では、社会系の学部にどんなものがあるのか、何を学ぶのか、どんな人がその学部に適しているか、説明しようか。

ススムくん　ぜひ、お願いします！

1 「社会系の5つの学部」は併願できる

社会系の学部には、どんな学部がある？

ここではおおまかに「社会系の学部」と呼んでおきましょう。「社会系の学部」には、次のようなものがあります。

社会系の学部

①国際系

国際学部　国際関係学部　国際文化学部　グローバル学部
異文化コミュニケーション学部

社会系の学部
②地域系
地域協働学部　社会共生学部　地球社会共生学部　地域創生学部　地域創造学部

社会系の学部
③観光系
観光学部

社会系の学部
④社会学系
社会学部　人間社会学部　社会文化学部

社会系の学部
⑤メディア・コミュニケーション系
メディア学部　マスコミ学部　コミュニケーション学部

これらの学部には共通点があります。
いずれも、**社会についての研究**だということです。
つまり、社会はどのように成り立っているのか、自分の暮らしている社会はどのような特徴があるのか、これからどうあるべきなのかを考えます。

ほかにも、法学部や経済学部や経営学部も社会について考察する学部ですが、法学部は法律、経済学部は経済、経営学部は経営というように、学問の領域がはっきりしています。

その点、ここに挙げた学部は、**ひとつの領域ではなく、政治、法律、経済、経営、歴史、文化などの複数の領域にまたがって社会を考える学問**といえます。

学問領域は広いけれど、それを適用する範囲が、国際だったり、地域だったり、社会全体だったり、メディアだったりと限定されているわけです。

ですから、**これらの学部を志望する人が重なるのは、当然といえば当然**でしょう。

逆にいえば、**別の学部を併願しても当然のこと**なのです。

ただし、入学してからは勉強する内容は異なりますし、卒業後の進路に違いがあるので、それを意識して準備する必要があります。

2 「国際系の学部」で学ぶこと、進路、向いている人

では、各学部ではどんなことを学ぶのか、卒業後はどんな進路がありうるのか、どんな人がそれに向いているのかを説明していきましょう。

まずは国際系の学部について。

★何を学ぶ？

政治、経済、歴史、地理、文化などの面から、国際関係、国際社会について学びます。

海外の国々について、海外との交流の仕方、これからの世界の平和のあり方などについての講義を受けることになります。

国際系の学部では**留学制度が整っているところが多いので、留学の機会もある**で

しょう。

数日間の短期滞在から、数週間の短期留学、数年の本格的な留学まで、さまざまなプログラムが整っているはずです。

本格的な留学の場合には、海外の大学に留学して、その国の言葉を身につけることができるでしょう。

★卒業後の進路は？

もちろん、これらの学部を卒業しても、そのような仕事をしないで、一般的な日本の企業に勤めたり、公務員になったりする人も多いでしょう。

しかし、この学部が想定している就職先としては、**外国の企業や国連などの国際機関**が考えられます。また、日本国内でも**外資系の企業の就職に有利**です。外国語に習熟していれば、**通訳や翻訳の仕事もでき、社会で活躍できる**でしょう。

★どんな人が向いている？

海外に関心のある人が、この学部に向いています。

英語などの外国語が得意な人、海外で仕事をしたいと思っている人、日本の外に出て活躍したいと考えている人は、この学部に向いています。

また、**好奇心旺盛で、これまでと違った文化や生き方になじむことができる人**も、この学部に向いています。

逆に、物静かで閉じこもりがちで、新しいことに挑戦するのが苦手な人は、この学部には向かないかもしれません。

たとえば、**外国人を見たら積極的に声をかけたくなるような人、テレビで海外の紹介番組が楽しみな人、海外旅行に行ってみたいと思うような人**が向いています。

3 「地域系の学部」で学ぶこと、進路、向いている人

★何を学ぶ？

いま日本の地方は大きな転機を迎えています。

大都市周辺には人口が集中し経済も活発ですが、地方はすたれ、人口も減少し、産業も低迷しています。

そうした中、**地方をどのように活性化させるかを考えるのが、地域系の学部**です。

これらの学部は、大都市圏よりは地方の大学に多く設置されています。

その大学のある地域や周辺の地域を、どのように活性化させるかを考えることが多いでしょう。その地域特有の文化や社会を学ぶことが多くなります。

またゼミ活動などでは、大学の教室で本を読んで勉強するのではなく、実際に現地

に行って、地域の人たちとともに地域活性化に協力することも多いでしょう。商品の企画をして、実際に販売することもあるかもしれません。

そして、地域おこしのような活動をして、実践的に学ぶことも多いはずです。

★卒業後の進路は？
地域の公務員や職員、地域の企業の社員となって、**地域振興にかかわる仕事に就くことが多い**でしょう。

学生のころから地域の人と共同して活動するので、就職の際に有利になることも多いようです。

将来的に地域振興のリーダーとして活動することになります。

★どんな人が向いている？
地域を愛し、地域の未来を真剣に考えている人が、この学部に適しています。

大都会にあこがれるような人ではなく、**しっかりと地域に腰を落ち着けて一歩一歩努力するタイプの人**が、この学部の志望者に多いようです。

また、地域の人と交流することが多いでしょうから、**高齢者などの一般の社会人とも打ち解けられる人**が、この学部には向いています。

4 「観光系の学部」で学ぶこと、進路、向いている人

★何を学ぶ？

将来、観光の仕事に就くことを目的とした学部です。

いうまでもなく、**観光はこれからの日本の重要な産業**です。観光産業を日本国内につくり出し、それを社会的に好ましいものにして、いっそう発展させることが求められています。

この学部は、観光の社会的な意味を探り、国内・国外の観光地の開拓、観光ツアーの企画、地域の観光産業の企画立案などについて幅広く学びます。

また、外国語などを学んでツアーガイドを実際に行うための講座も含まれることが多いようです。

★卒業後の進路は？

観光系の仕事に就くことが多いでしょう。官公庁や旅行会社や地域の観光案内所などで観光地の広報、観光企画などの仕事をします。

また、観光業の企業に入って、旅行企画をしたり、実際の旅行に同行してツアーコンダクター（旅行添乗員）の仕事をする人も多くいます。

★どんな人が向いている？

いうまでもないことですが、**観光に関心のある人**が、この学部に向いています。**自分が観光に行くのが好きな人、観光地をつくり出したいと考えている人、そもそも異文化に触れるのが好きな人**など、観光への関心もさまざまでしょうが、いずれでもかまいません。

5 「社会学系の学部」で学ぶこと、進路、向いている人

★何を学ぶ？

社会はどのような仕組みで動いているのか、現代の社会にはどのような特徴があるのか、現在の社会の出来事にどのような意味があるのか、集団と個人はどのように結びついているのかなどについて学ぶ学部です。

法律、経済、政治、歴史など、あらゆる角度から社会を考えます。

そのため、**最も自由度が高い学問**といえます。

教員によってさまざまなアプローチがあるので、どの教員の講義やゼミをとるかによって、学ぶこともかなり異なってきます。

社会学の場合、実地調査を行うことが多いでしょう。街に出てアンケートをとった

り調査をしたりします。

そうして、**社会の仕組み、その特徴などを分析**します。

ひとりきりで研究したり分析したりするよりは、仲間と議論しながら調査を進めていくことが多いはずです。

★卒業後の進路は？

社会学を学んだ人は、**一般企業にも公務員にも向いている**といえるでしょう。

社会にかかわる仕事のあらゆる領域での仕事が可能です。

★どんな人が向いている？

社会に対して好奇心のある人であれば、社会学に向いているといえるでしょう。

ただ、この学部の場合、チームで仕事をしたり、外部の人と交流したりして調査をすることが多いので、**コミュニケーション力のある人**が向いています。

6 「メディア・コミュニケーション系の学部」で学ぶこと、進路、向いている人

★何を学ぶ？

マスコミで仕事をすることを前提にした講義がなされることがほとんどです。

新聞社、出版社、テレビ局、ネット局などで企画し、情報を取り入れ、情報を分析し、さまざまな発信ができるようになるための勉強をします。

また、カメラの撮影、文章の校正、ウェブデザインなどを学ぶこともあります。

★卒業後の進路は？

基本的に先に挙げた企業が就職先として考えられます。

新聞や雑誌やネットなどの記事を書いたり、編集などにかかわったりする仕事に就

きます。

★**どんな人が向いている？**

指示に従ってまじめに仕事をするタイプの人よりも、**創意に満ちて、自分なりのアイデアを持って物事に挑戦するタイプの人**が向いています。

常に「自分ならこうする」と考えて、自分なりの工夫をする人が望ましいでしょう。

第3部

「社会系の5つの学部」の小論文に出る基本問題

ススムくん　小論文の書き方と、学部の特徴もだいたいわかりました。
では、そこに入るためには、どんな勉強をすればいいんでしょうか？

先生　小論文を書くのに、いちばん大事なのは、書く内容だよ。書き方や特徴がわかっただけではダメだ。
大学は小論文入試をして、君たち受験生が、本当にその大学に入って勉強できるのか、大学卒業後、きちんと社会人として活躍できるのかを見ようとしているんだ。
だから、きちんと知識を身につけて、その大学に入学して学ぶだけの関心や知識や能力があることを示さなくてはいけない。

ススムくん　そうですね……。

先生　それぞれの学部に必要な知識を整理して説明しよう。
いまから説明することを頭に入れて、ふだんから新聞を読んだり、テレビニュースを見たり、本を読んだりしてほしいね。

ススムくん　わかりました！

先生　項目の最後に、復習として簡単な例題も出すから、それに挑戦してみてね。

Part 1 国際系についての基礎知識

国際系の学部・学科を志望する人はもちろん、それ以外の学部を志望する人にも大事な知識です。とりわけ、**観光系とメディア・コミュニケーション系を志望している人にはこの知識は不可欠**です。

1 外国語教育のあり方

いま、日本で教育を受ける人のほとんどが、英語の教育を受けています。

学校で英語の勉強をするのは当たり前と思っている人がいるかもしれませんし、なぜ日本人なのに英語の勉強をしなければならないのか、なぜこんなに英語が重視されるのか疑問に思っている人もいるかもしれません。

そのことは、社会でもよく問題にされているのです。**国際系の学部では、頻出問題**です。英語の勉強が大事だという人は、次のように考えています。

賛成

●**国際社会では、国際共通語として英語が使われている。**
英語を使わなければ、外国人と交流できない。交流できないと、経済活動もできず、日本人は国際的に活躍できない。
日本の子どもたちが、英語を使えるように教育をするべきだ。

●仕事のうえだけでなく、**文化交流にも英語が役立っている。**
英語を使えることで、海外の人と交流できるし、日本を訪れた外国人とも交流できる。世界が平和にコミュニケーションできている。

ところが、それに対して疑問を抱く人は、次のような問題点を感じています。

反対

●英語ばかりを重視すると、世界中が英語を話すようになり、世界がひとつの言語で統一されることになる。

だが、言語というのはたんなる道具ではなく、考え方でもあるので、世界が英語の考え方に支配されるようになる。

世界中の人が同じ言語を使うのは、便利には違いないが、それは多様な考え方を失うことにつながる。

いくつかの言語が並立している状況のほうが、多様性が認められて好ましい。

●英語という特定の言語、特定の文化を日本人全員が学ぶのではなく、人によっては中国語、スペイン語、フランス語などを学べるようにするべきだ。

できれば、ひとりがいくつもの言語を使えるようにするべきである。

それが苦手な人も、自分で選んだ言語を学べるようにするべきだ。

◉現在、世界中で英語が重視され、国家が公用語として英語を使うように教育しているために、少数の人の話す言語が使われなくなっている。それは、言語という大事な文化を失うことなので、好ましいことではない。むしろ、自分の言葉を大切にすることのほうが大事だ。

ただし、それについても、英語教育をもっと行うべきだと考えている人たちは、次のように反対します。

「言語と文化を切り離すことができないとはいっても、道具としての英語を学ぶことはできる。ともあれ、**国際共通語がないと、世界中の人が理解し合うことはできない**。そのために、わざわざ人工的な言語をつくるのは不自然だ。人工的な言語は文化を持たないので、学ぶ価値を見出す人が少ない」

「また、英語以外の言語を複数学ぶというのも、非現実的だ。言語の絶滅についても、その言葉を使う人々が英語を話すほうが豊かに生きていけることを選んだ結果であることが多い。**英語を学ぶことが、国際化の現実的な選択だ**」

いずれにしても、簡単にまとめると、こういうことがいえます。

「英語ばかりを学ぶべきではない」と考える人は、経済よりも、世界各地の歴史や文化、そこに生きる人の生き方を重視する人といえるでしょう。世界中の人が自分らしく生きるのが幸せだと考える人たちです。

それに対して、**「もっと英語を学ぶべきだ」と考える人は、経済を重視する人**です。英語を使うことで世界の人々と経済的に交流して、日本を経済的に豊かにしようと考えます。

そのような観点も踏まえて考える必要があります。

2 「会話重視」か「読解・文法重視」か

さて、ともあれ、英語を学ぶこと自体については多くの人が納得しています。次に出てくるのが、「どのように英語を学ぶのか」という問題です。すなわち、**「会話重視」**か、それとも**「読解・文法重視」**かという問題です。いまは**多くの人が「会話重視」に賛成**しています。その人たちは、こう考えます。

賛成

●日本人のほとんどは6年間以上、英語を勉強しているのに、英語を使えるようにならない。その理由は、会話を重視していないからだ。**言語の中心は人とのコミュニケーションなのだから、話をすることが大事**だ。話すことで、心の交流もできるし、仕事の交渉もできる。

●正しい文法について考えていたら、いつまでたっても話せるようにはならない。「会話重視」の勉強をして、間違ってもいいから話をしていれば、英語ができるようになる。

●**話し言葉こそが生きた言葉**であって、読み取りや文法に力を入れるのは、海外との交流が少なくて海外の文化を書物から学ぼうとした時代のなごりだ。いまみんなが生活の中で使っている言葉を使えるようにするべきだ。

●日本語を身につけたときと同じように、**まずは口真似して会話力をつけて、そのあとに文法を学び、文章を読み取るというのが、言葉を習得する自然な方法**だ。そうすれば、いちいち日本語を英語に直すのではなく、直接、英語で考えてそれを話せるようになる。

しかし、これにも反対意見があります。その人たちは、こう考えます。

反対

●現在では、実際に顔を合わせて話すよりも、インターネットでやりとりすることが多い。

その場合、**会話よりも、正確に読んで、しっかりと書くことのほうが大事だ。**

●**読む力があれば、世界の出来事を英語で読み取ることができる。**

読む力をつけるほうが、複雑で正確な内容を理解できる。会話は、その場その場で話をするだけで終わってしまい、論理的にしっかりと英語を理解することができない。

●**教育の場では、論理的に物事を考えることを重視するべきだ。**

そのためには、会話よりも、書き言葉のほうが役に立つ。

文章を学ぶことで、文法的に正しい、きちんとした英語を学び、論理的な力をつ

けることができる。

3

英語は小学校から学ぶべきか

次の問題として、「英語は子どものうちから学ぶほうがいいのか」という問題があります。現在、日本では、小学3年生から英語を学びはじめ、中学生になってから本格的な勉強を始めます。これに対して、「もっと早くから英語を学ぶべきではないか」という意見があります。

これについても、2つの考えがあります。

「英語を早くから学ぶべきだ」という人は、次のように考えます。

賛成

●子どものころから英語を学ぶと、文法など考えないで、言葉を真似て、発音から身につけていき、会話ができるようになる。その後、自然に文字も覚えていく。**学ぶのが遅くなればなるほど、文字で覚えようとするので、言語が身につかなくなる。**

●小学校高学年になると、新しい言語を学んでも、恥ずかしがって真似をしなくなるので、上達しなくなる。**小学校低学年からのほうが、そのまま真似をするので、会話の上達が早い。**

●英語を学ぶことで日本語と英語の両方が身につき、言葉の仕組みなども理解できるようになり、**それ以外の言語も身につきやすくなることが、科学的に証明**されている。

●子どものころから**多様な文化に接することができ、国際性を身につけることができる。**

それに対して、反対する人はこう考えます。

反対

●日本語には日本語の考え方が含まれているので、**日本語が固まらないうちに英語を学んでしまうと、日本人としての考え方が育たない。**英語と日本語の両方の価値観のあいだで揺れ動いてしまい、両方とも身につかなくなってしまう。

●小学校のうちから英語を学ぶと、その分、国語などのほかの科目の時間が減ることになる。**子どものうちは、日本語をしっかりと理解し、日本人の文化を身につけることのほうが大事**だ。

●小学校の先生は英語専門ではないので、**小学生のうちから正しい発音で教えることのできる先生は数が少ない。**
いまのまま小学校の先生が英語を教えると、よくない発音が身についてしまう。

4 英語の授業は、日本語ではなく英語でするべきか

もうひとつ、「英語による英語の授業」も問題にされています。
現在は、もちろん英語の授業も日本語中心で行われます。
先生が日本語で文法の説明をして、英語の文章を理解させ、それを日本語に訳させると

いう形で授業は進んでいきます。

そうした授業を変えて、**「中学、高校の英語の授業は、原則として英語でするべきだ」**という考えを文部科学省が示しているのです。

最初から最後まで先生は英語で授業をして、生徒たちも原則として授業中は英語しか使えないようにする授業です。

そのためには、もちろん現在のような文法の説明をするのではなく、英語で話をしたり、文章を読んだり、書いたりして、だんだんと英語ができるようにするのです。

世界中の多くの英語教育はそのようにしてなされ、それに成功しているので、日本でもそれを行おうというのです。たとえば、**外国人に日本語を教える日本語学校なども、外国にある学校も日本国内の学校も、基本的に日本語だけで授業**がなされています。

そのような授業にすべきだという人は、次のように考えています。

賛成

●耳と口を通して、人の真似をして発音し、自分の言いたいことを必死になって言葉にしようとすることによって、外国語は身につく。

英語で授業をすると、そうせざるをえなくなって、力がつく。

●日本語で英語を教えると、いつまでたっても、英語を日本語に置き換えなければ理解できない。**英語で授業をすることによって、英語で考えることができるようになる。**そうしてこそ、本当に英語の力がつく。

それに対して、次のような反対意見もあります。

反対

●**英語で授業をすると、理解できない人や発言するのが苦手な人が置き去りにされてしまい、落ちこぼれる人が出てしまう。**英語で教えるのは、みんなの力がかなりついたあとでいい。

●英語による授業では、コミュニケーションをとることだけに偏ってしまう恐れがある。
それよりも中学校・高校での外国語教育は、**多様な文化を学び、外国の思考法を知ることを重視するべき**だ。

多様な文化を知ることで、改めて日本語のあり方などを見つめることができるようになる。

●英語で英語教育をできる英語教師は実際にはそれほど多くないので、**授業がスムーズに進まず、生徒の学力は伸びない**。

5 グローバル化と国際交流

情報機器や交通手段の発達によって、現在は**世界がグローバル化しています**。人やモノや情報が、国境を越えて世界に広がり、まるで世界全体がひとつになっているかのようです。

2020年に起こった新型コロナウイルスの世界的感染拡大によって、一時期、海外との交流が遮断され、人やモノの移動が大幅に減りましたが、平常に戻るにつれて、再びグローバル化していくでしょう。

ウイルスを感染拡大させた反省から、グローバル化の速度や方法は若干変化するかもしれませんが、**現代では、ほかの国と密に交流しないまま成り立つことはできなくなっています**。

このような**グローバル化した状況で、世界はどうあるべきなのか**。

それが、国際系の学部で取り上げられる問題です。

もちろん、国際交流を通じて多くの人が平和で幸せになることが世界中の人々の願いなのですが、それはそれほど簡単なことではありません。ひとことで「平和」「幸せ」といっても、さまざまな考えがあり、利害の対立があるからです。

世界には、**豊かな国と貧しい国**があります。そこには利害の対立があります。

また、世界には**さまざまな宗教**があります。

それぞれの価値観が異なるので、どうしても対立や衝突が起こってしまいます。それにどう対応するべきかについても、さまざまな考えがあります。

また、現在、**自然環境は危機的な状況にある**といわれています。

それに対する取り組みも、各国の利害があるために、すぐにはできません。

6 グローバル化の是非

現在、世界はグローバル化しています。そのため、世界中が同じような経済的な原理で動く方向に進んでいます。

それに対して、「これでいい」という考えと、「よくない」という考えがあります。

「グローバル化するのはよいことだ」と考える人は、次のように考えます。

賛成

●グローバル化することによって、世界中からさまざまな産物が入ってくるようになった。外国の安くておいしいものが手に入るようになった。外国の材料が入るようになって、日本の産業も活発になった。このように**世界中の経済が発展**した。

●これまでは途上国は産業が育たず、貧しく暮らしていたが、**グローバル化して、途上国にも産業が生まれる**ようになった。

先進国向けの農作物をつくったり、工場で働いたりできるようになった。

また、先進国に働きに行くのも容易になった。そのために、**世界中が経済的に潤う**ようになった。

●世界中が同じような考え方をするようになると、**人権や民主主義という考え方も広まって、人権抑圧に苦しんでいる人々も暮らしやすくなっていく**。

●経済の規模が大きくなったので、**日本国内だけでは成り立たない商売も世界を相手にして成り立つ**ようになった。

たとえば、日本では買いたいと思う人が100人しかいないような商品でも、世界中には1万人くらいいるかもしれない。ネット販売で世界を相手にすると、さまざまな仕事が成り立つ。

◉世界中がひとつになるので、**環境問題などの大きな問題についても、世界中が共同して対策できる**ようになる。

そのため、世界全体で大規模な対策をとることができる。

ところが、これについても、さまざまな問題が出ています。

反対

◉これまで途上国の人たちも、とくに自分を貧しいと感じることなく、自分に満足して生きている人も多かった。

ところが、グローバル化して先進国の考えが入ってくると、途上国の人たちももものを欲しがるようになり、お金のことばかり考えるようになった。**むしろ不幸になっている。**

●途上国でも産業化が進んで、森を壊したり、工場で廃棄物を流したり、資源の乱開発をしたりして、**自然破壊が進んでいる**。

世界中がグローバル化するということは、これまでのんびりと暮らしていた人も資源を使いはじめるということであって、**世界中を巻き込んで環境破壊をすることにほかならない**。

むしろ、先進国が経済発展をとどめることを考えるべきだ。

●**グローバル化すると、どの国も同じようになってしまう**。

同じようなものを食べ、同じような服を着て、同じような音楽を楽しむようになる。

こうなると、「私は○○人」という意識やプライドをなくしてしまう。

自分の住んでいる土地を嫌い、社会をよくしようとしなくなり、先進国の都会にあこがれてしまう。

●グローバル化して、異なる文化を持った人々が入り交じって暮らすようになると、衝突が起こる。時にそれが**テロに発展する。**

多くの国が**排外主義**になって、外国人を差別するようになり、治安が悪くなってしまう。

●**世界がひとつにつながっているので、どこかで伝染病が起こったら、すぐに世界中に広まってしまう。**

新型コロナウイルスが世界に広まったようなことがしばしば起こり、**世界中に病気が広まる可能性がある。**

そうなると、**経済的打撃も世界中に波及し、世界大恐慌になってしまう。**

●ひとつの製品をつくるにも、さまざまな国の部品を集めてつくるような体制にしていると、**ある国で政変や流行病や災害が起こって部品を調達できなくなると、製品がつくれなくなり、経済は大打撃を受ける。**

以上のことを踏まえたうえで、グローバル化について考える必要があります。

7 先進国の考えは正しいのか

世界にはさまざまな宗教、文化があります。

途上国の文化があり、先進国の文化があります。

20世紀の前半には、多くの人が、「赤ん坊が子どもになり、大人になっていくように、国も、はじめは未開だが、だんだんと文明が高まっていく。未開な国は、迷信を信じたり、奇妙なものを食べたりしているが、先進国が教えてやれば、だんだんと文化的になっていく」と考えていました。

ところが、20世紀の後半から、このような考えに疑問が投げかけられるようになってきました。
そして、いまでは次のような考えが、世界の常識になっています。

賛成

●**文化に優劣はない。**途上国の人も、自分たちの文化の中で生きている。先進国の人から見て不思議なものを食べているとしても、それが文化なのであって、それが劣っているわけではない。
先進国、たとえば日本人の好む生の魚にしても、ほかの文化からすると奇妙に見える。

●どれが正しいということではなく、**すべての文化を尊重すべきだ。欧米などの先進国の考え方を押し付けるのは間違いだ。**

ところが、グローバル化が進むにつれて、今度はそれを否定する考えも広まってきました。次のような意見が出されています。

反対

●宗教や習俗によって、女性を差別し、人間扱いしないような文化もある。女性が自由に行動できず、労働をしたり教育を受けたりするのを禁止している社会もある。そのような**女性蔑視の社会を、文化として認めるべきではない。**

●**衛生的に好ましくないゆえに、病気を広めている祭りや風習もある。**そのために、**世界中にウイルスが広まる恐れもある。**また、現地の人々も、そのために苦しんでいることが多い。そのような風習を認めるのではなく、やめさせるべきだ。

●「これは私たちの文化だ」と主張して、差別的で人権を否定するような政治を正当化する国家も少なくない。そうしたことを認めるべきではない。**人権、生命、健康を重視するのは普遍的な価値とみなすべきだ。**

これに対して、反対する人も大勢います。
とくに、イスラム教徒のかなりの人が反発しています。

賛成

◉人権、民主主義というのも、キリスト教にもとづく考えにすぎない。
キリスト教の国がたまたま産業化に成功して、先進国になって、その価値観をイスラム教国に押し付けているが、それが正義とは限らない。

◉先進国は自分たちの考えをイスラム教国に押し付けるべきではない。

現在は、**人権重視などの基本的人権は、すべての国々に共通する普遍的な考え**だとしたうえで、**それ以外のところでは宗教などのそれぞれの文化を尊重するべき**だという考え方が主流になっているようです。

それを頭に置いたうえで、これらの問題については考える必要があります。

8 多額の海外援助は必要か

地球上には、先進国と発展途上国があります。

先進国は豊かな経済力を持ち、衛生的で便利な環境の中で生活し、たくさんのものを消費し、趣味や娯楽を楽しみながら生きています。

ところが、途上国では、食べるものもなく、飢えに苦しみ、学校教育を受けることもできず、時には戦争状態の中で暮らす人々もいます。

そのため、**先進国の豊かな人々が途上国に対して、さまざまな援助をしています。**

そのような中で、**最も多額で最も重要なのが「政府開発援助」（ODA）**です。**日本は2018年の段階で、世界第4位の1兆5000億円を超える政府開発援助を行っています**。その中には、無償のものや有償のものもありますが、いずれも途上国が自立することを目的としてなされる援助です。

少し前まで、日本は成長を続ける突出した豊かな国だったので、海外の貧しい国を援助することに反対する人は、それほどいませんでした。

しかし、近年、このような多額の海外援助に対して、批判がなされることがあります。海外援助に消極的な人は、次のような意見を持っています。

反対

● **いままでは、日本国内にも貧しい人がたくさんいる。**
国全体が高齢化して、すでに低成長に差しかかっている。東日本大震災や新型コロナウイルスなどのために、いまの日本は経済力を失っている。

● **海外に援助するよりも、日本国内の困った人を助けたり、産業を盛んにしたりす**

ることのほうにお金を使うべきだ。

それに対して、「海外援助を行うべきだ」という立場の人は、こう考えます。

賛成

◉日本は貧しい人がいるといっても、飢えている状態ではない。ところが、世界にはもっと悲惨な生活を送っている人がいる。そのような人が食べていくことができ、そのような国が自活できるように手助けする必要がある。それが**先進国の義務**である。

◉途上国が貧しいと、移民が先進国に押し寄せたり、戦争が起こったりして、先進国でもいっそう大きな問題が起こってしまう。**地球全体を住みよくしてこそ、先進国も安心して暮らせる**ようになる。

●途上国に援助をしないでいると、**途上国が不衛生のままになって病気が広まり、それが先進国にまで拡大する恐れ**がある。

また、**途上国の人々が地球環境を破壊してしまうなど、取り返しのつかないことをしてしまう恐れ**もある。

●**海外援助をすることで、国際社会での日本の存在感を示す**ことができる。

そうすることによって、地震などの災害で日本が困ったときにも、海外に助けてもらえる。また、**途上国の信頼を得ることができて、活動がしやすくなる。**

9 どのような援助をするべきか

海外への援助が必要だということは多くの人が納得しているのですが、現在の援助のあり方について問題点を挙げる人も多くいます。

現在、日本は海外にかなり多額の援助をしていますが、いまのままでいいのかどうかが問題になっています。

問題にされるのは、次のようなことです。

問題点

◉現在の援助は、途上国の政府やその関係者に対して行われる。すると、**その国の権力者に都合のいいようにお金が使われる**。ところが、途上国には独裁者が多い。その人たちは自分たちの利益のことばかり考えて、民衆を迫害することが多い。

日本などの先進国の援助が、むしろ民衆を苦しめるために使われることがある。

●いまは**お金中心の援助が多い**。

それだと現地の人が本当に求めているものではなく、**先進国の都合で、先進国の常識で援助がなされ、それが実際には途上国の人の役に立っていない**こともある。

●**現地の状況を無視した援助も多い**。

たとえば、道路をつくっても、メンテナンスができないために、すぐに使われなくなってしまったり、工場をつくったのに、電力不足で稼働しなかったりすることが多いと指摘されている。

それよりも、**人員を派遣するなどの人的援助をして、役に立つ援助にするほうがいい**。

●現在の援助は、しばしば先進国が自分たちの勢力拡大のために使うことが多い。つまり、**貧しい国に援助をして、その国を自分の仲間に引き入れようとする**傾向がある。たとえば、そうして、アメリカ、中国、ロシアなどが中東やアフリカで勢力争いをしている。日本も同じようにしている面もある。

●**援助を受けた国は産業を育て、将来的に自活することをめざすべき**だが、実際にはそのようには使われないことが多い。そのために、途上国は先進国の援助を当てにして、いつまでも自立に向けて努力しようとしない状況が続いている。

●その国のためになる援助として考えられるのは、そこに**日本人を派遣して、農業や工業の手ほどきをして、産業が根付くのに役立つよう援助をする**ことだ。あるいは、**学校を建設し、教員を養成するのも有効**だ。教育を受けることで、その国の人は産業を自分たちで起こし、自立して行動できるようになる。

●**その国の文化を尊重し、その土地の魅力を知って観光に行くのも、貧しい地域に対する援助のひとつ**と考えられる。
観光化のために、日本人も協力し、その土地の新たな観光地を見つけ出す努力も必要である。ただし、その場合、自然破壊を招いたり、現地の人とのあいだで文化的対立などを引き起こさないように細心の注意を払うことも重要だ。

10 外国人労働者問題についての基礎知識

新型コロナウイルスの大流行のために一時期減少しましたが、先進国には、多くの途上国の人々が働きにやってきます。

日本にもずっと以前から、外国人労働者がやってきていましたし、これからも多くの外国人がやってくるでしょう。

途上国では、給料が安く、働き口もあまりないので、先進国で働き、自分の国にいる家族に仕送りしようとしているのです。

現在も、さまざまなお店で外国人が働いているのを見かけます。

しかし、**日本では、外国人が日本に長期滞在することを制限していました**。単純労働者は日系人以外はなるべく入れないようにしています。

街で見かける外国人は、留学生であったり、日本人と結婚している人であったり、特定技能に指定されて、**とくに日本滞在が許されている人たち**なのです。

ところが、日本社会では高齢化が進んで、労働者不足がひどくなっています。

とくに、**介護や看護の仕事に就く人の不足が問題**になっています。

これからますます高齢化が進んで、高齢者が増えるのに、その人たちの看護や介護をする人材が大幅に不足しているのです。そのため、**東南アジアの人々に、看護や介護の分野で働いてもらうことが求められています**。

また、現在、日本では人口の減少とともに、消費者も少なくなって、経済全体が縮小してしまうことが予測されています。

そのため、外国人に日本に来てもらって、働いてもらうことが検討されるようになりました。そうすれば、消費も拡大して、経済が活性化します。

現在では、特定技能としていくつもの職種を指定し、以前よりも外国人労働者の枠を広げて、多くの労働者に働いてもらえるようにしています。

とはいえ、日本政府は**「外国人労働者は認めるが、移民は積極的には認めない」**という方針で進めています。

つまり、外国人労働者に対してはしっかりとコントロールし、人数も制限し、自由に働いたり、そのまま住み着いて移民になっていくことは避けたいとしています。

11 外国人労働者受け入れの是非

外国人労働者の受け入れについて、しばしば問題になります。「もっと積極的に、外国人労働者を受け入れるべきだ」という意見と、それに反対する意見があります。「もっと受け入れるべきだ」と考える人は、先ほど説明したとおりですが、それに反対する人は、次のように考えています。

反対

◉外国人が移民となって日本に押し寄せると、**治安が乱れる**。ヨーロッパのように、移民が貧民街をつくって犯罪を行う集団を形成したりする。

差別が起こり、外国人同士の民族対立や日本人との対立も起こる。日本人は外国人との交流に慣れていないので、**外国人排斥運動が起こって政治的にも混乱してしまう**。

●外国人が増えると、**伝統的な日本文化が失われ、いまの日本の伝統や考え方が失われていく**。

移民を受け入れるのではなく、人数を制限して、その中で日本人と同じような権利を保障して働いてもらって、**日本に地盤を固めた人だけに永住権を与えるようにする**のが好ましい。

ところが、それに対しても、反論がなされています。

賛成

●日本に都合のいいときに、都合のいいだけ外国人を受け入れるのでは、外国人をロボット代わりに使おうとするものであって、それでは日本国内に二流国民をつくるにすぎない。

そのような対応では、外国人は日本に生きづらさを感じて、日本にやってこようとする人は増えない。日本以外の、もっと働きやすい国に行くだろう。

それでは、**日本経済はいつまでも労働者不足のままである**。


◉もっと多くの外国人に日本で働いてもらえるように、移民も受け入れるべきだ。**もっと多国籍で多民族の国に改める必要**がある。

いつまでも日本だけが外国人を制限して、自分たちのあいだで閉じこもるべきではない。**日本文化が変化していくのは仕方がない**。**新しい文化をこれからつくっていく**と考えるべきだ。


いずれにしても、これからもっと外国人が増えていきます。

そうなると、日本社会も変容することを考える必要があります。

12 外国人参政権についての基礎知識

次に出てくるのが、**外国人参政権の問題**です。

現在、日本では、外国人には**参政権（選挙権・被選挙権、投票権など）**は認められていません。

外国人の中には、在日韓国・朝鮮人、中国人など**77万人ほどの外国人が日本に永住しています**。これからも増えていくことが予想されています。

その人たちのほとんどは、日本人と同じように税金を納めています。

ところが、彼らは自分たちの意見を政治に反映させることができません。

そのため、**「外国人の参政権を認めるべきではないか、少なくとも、日々の生活に直結する地方参政権は認めるべきではないか」**という意見があります。

外国人の参政権に賛成する人は、このように考えます。

賛成

●**外国人も、永住権を持っている人は、日本人と同じように税金を払い、日本の経済や文化に貢献している。**それなのに参政権を認められないで、自分たちの考えを政治に反映できないのだから、それは**人権侵害に当たる。**

●とりわけ在日韓国・朝鮮人は、日本に定住している。**外国人も自分の意見を反映できてこそ、平和な社会が築ける。**

●国の政治では、国家のあり方を決定するので、外国人が参加するべきではないが、**ゴミ問題や環境問題など、生活に密着した問題を扱う地方選挙については、外国人の参政権を認めるべき**だ。そうしてこそ、共に生きていく社会をつくれる。

それに対して、外国人の参政権に反対する人は、こう考えます。

反対

●税金を払うなどしているので、**福祉を受ける権利などは、外国人にも保障するべきだ。**

しかし、**地方選挙では少数の人数によって地域の行動が決まってしまう。**外国人がたくさん住んで、その人たちにとって都合のいい意見が通ると、日本の独立が危うくなる。

たとえば、外国人が多い村では、外国人に都合のいい決定を下すこともありえる。

●日本で参政権がなくても、本人の自由意思で日本に住んでいるのだから、差別には当たらない。

日本の政治に意見を反映させたければ、日本に帰化して、日本人になるという方法がある。

13 これからどんな社会にしていくべきか

これからも、日本国内で暮らす外国人は増えていくでしょう。

では、これからどのような社会をつくっていくべきでしょうか。

現在、議論されていることを挙げてみましょう。次のようなことを考える必要があります。

問題点

◉日本社会を**多文化共生社会に改める**必要がある。

現在の日本では、異質の人、人と違った言動の人を嫌い、排除する傾向がある。

それでは、別の文化を持つ外国人は暮らしづらい。

多様な考えを認め合う社会にしていく必要がある。

現在、民族差別を声高に主張して、ヘイトスピーチをしたりする人がいるが、それを社会からなくさなくてはならない。

●外国人に日本で生活し、日本社会になじんでもらう必要がある。そのために**最も大事なのは日本語教育**だ。言語は文化なので、日本語を学ぶことによって日本人の考え方やしきたりなども身につけることができる。そのためには、外国人に日本語を教える日本語学校を整備する必要がある。また、現在、日本語がわからないために勉強についていけない子どもが増えているので、**子どもの日本語教育にも力を入れるべき**だ。

●現在、さまざまな国の人が日本で働いたり、観光に来ていたりする。そんな社会では、日本語だけでは対応できない。そこで、現在、駅や道路などの表示や看板や観光案内や役所の知らせも、日本語だけでなく、英語、中国語、韓国語で表示されている。

だが、それ以外の国の人も大勢、滞在している。

大災害や交通マヒなどの緊急事態が起こったとき、**もっと多様な言語で発信できる制度をつくる**必要がある。

●**外国人にわかるように、もっとわかりやすい日本語を発信するように改める**必要がある。
「台風が接近中のため豪雨の危険がありますので、すみやかに避難準備をお願いします」などといわれても、外国人には通じない。

「台風が来ますので、すぐに逃げてください」などというほうがわかりやすい。

わかりやすい日本語を増やしていく必要がある。

●看護や介護の現場で人手不足がいわれている。
ところが、それらの職業に就くには国家試験を受ける必要がある。とくに看護師の場合、かなり高度な試験に合格する必要がある。

ところが、試験に出される用語に難しいものが多い。

日本人でも意味がわからなかったり、読めないような漢字が多い。

「産褥《さんじょく》」、「罨法《あんぽう》」、「非侵襲的《ひしんしゅうてき》」などという言葉が試験に出たりするという。

これでは外国人が合格するのは難しい。

そのような**無意味に難しい用語を改めてこそ、外国人に働いてもらえる**ようになる。

14 日本で暮らす人に日本語を押し付けるべきか

これまで、「日本で暮らすからには、日本語を使うべきだ。日本語を使えないのであれば、日本で働くべきではない」という意見を多くの人が持っていました。

ところが、それが変わりつつあります。そのような考えに反対する人が増えてきました。

その人たちは、このように考えます。

反対

●日本にいるからといって、無理に日本語を話す必要はない。日本語を話せなくても、仕事ができる。だったら、無理に日本語を話せるようにする必要はない。

日本社会を、日本語ができなくても暮らしていけるような社会にするべきだ。そして、さまざまな民族の人々が共存できるような社会をめざすべきだ。そうしてこそ、**本当の多文化社会になる。**

●日本に住んでいるだけの人間に、場所が日本だからといって、日本語の使用を強制する権利はない。**共通語として、英語を用い、コミュニケーションが必要なときには英語で話すよ**

うにするべきだ。

そうすることで、**日本も国際社会の一員になる**ことができる。

しかし、このような考えには、もちろん強い反対があります。次のような反対です。

賛成

◉日本で暮らすからには、日本社会になじむ必要がある。

それができないと、コミュニケーションをとることができず、公的サービスを受けることができない。

社会の一体感がなくなり、社会が乱れる。

15 中国とどう付き合うか

現在、**中国は、アメリカに次ぐ世界第二の経済大国**です。

人口は13億人を超えているので、生産国としても消費国としても、世界を動かす力を持っています。

中国に工場を持って現地で生産している世界の企業も、たくさんあります。

しかも、中国は日本と海上で国境を接しています。そのうえ、かつて日本は中国に進出し、戦争を起こした過去を持っているので、関係は微妙です。

中国は、世界でも特殊な国といっていいでしょう。

1949年に中華人民共和国が発足して以来、私有財産は認められず、自由な経済活動はできず、共産主義にもとづく共産党の指導で政治、経済を動かしてきました。

つまり、**共産党が強い統制を行って、政治的な自由も経済的な自由も認めずに、国家を**

動かしてきました。

ところが、共産主義の国の経済がうまく回らなくなったころから、資本主義の制度を採り入れています。**経済は資本主義、政治は共産主義と分けるようになった**のです。

それが成功して、中国は急速に経済力をつけました。

安い労働力と、急速に身につけた高度な技術力、そして、西側のような民主主義的な手続きをしないまま決定できるシステムによって、アメリカに次ぐ第二の経済大国になり、これから、ますます躍進しそうです。

しかし、政治体制が共産主義にもとづいているため、世界の多くの国と方針が異なります。政治についての考え方も異なります。

そのために、**アメリカを中心とする資本主義の国々と、しばしば衝突を起こします**。新型コロナウイルスの感染爆発の原因や対応をめぐっても対立をしました。中国は、それに対して、厳しい態度を改めずに、自分の国の方針を貫いています。

日本はかつてはアメリカなどの資本主義国を中心に貿易を行い、交流も欧米中心でした。

ところが、**現在では、中国などアジアの国々との貿易が急速に増えています**。

それどころか、日本の経済の中に中国資本が入り込んで、ホテルなどの観光業界や食品業界をはじめ、多くの中国人が日本で経済活動をしています。**中国なしでは、日本は成り立たない状況になっています。**

16 中国と友好的に行動するべきか

日本には、「中国と仲良くするべきだ」と考える人と、逆に、「中国と距離を置くべきだ」と考える人がいます。

「中国と仲良くするべきだ」と考える人は、次のような意見を持っています。

賛成

●邪馬台国の時代から、日本は中国と関係を築いてきた。不幸な時代があったが、それは一時的なことだ。**隣の国として友好関係を持つのが当然だ。**

●中国は巨大な市場を持っている。先端技術もすぐれている。**中国の存在なしに、日本の経済は成り立たない。**これから先、共に手をとって経済活動をしてこそ、共に繁栄する。**互いの強い面を認め合って、新たな関係を築くべきだ。**

●政治的には、体制が異なるのでぎくしゃくすることがあるが、辛抱強く交渉して、平和を築いていくべきだ。そのためには、**過去の日本の過ちをきちんと認め、そのうえで関係を築くべき**だ。

逆に、中国に対して警戒感を持っている人は、次のように考えます。

反対

●中国は共産主義の国であり、国の号令ですべてが動いている。しかも、したたかに世界において勢力を伸ばそうとして、アジアだけでなく、東欧、アフリカ諸国に働きかけている。このままでいくと、米中が世界を動かすようになってしまい、日本の存在感はなくなる。

●中国には民主主義的な報道の自由や言論の自由がないので、民主主義国として通常の交渉ができない。もっと民主的な国になるまで、距離を置くべきだ。

●中国では、知的財産権の意識が弱く、日本の発明や技術を平気で盗んでしまう。

油断して交流していると、すべて中国が利益を得てしまう。
このままでいくと、日本は中国に振り回されるだけになってしまう。
●**過去の戦争によって中国国民は日本人に不信感を抱いており、国境問題などで対立が起こる**ことがある。
そうなると、中国内部で日本人が信頼を得ていても、一度に壊れてしまう。
●新型コロナウイルスなど、これまでもさまざまな病気が中国からもたらされた。
中国内部でもさまざまな食習慣があるために、病気が蔓延しやすい。
あまりに密に交流すると、その被害を受けることになる。

現実的には、**中国と交流する場合のリスクを頭に入れながら、中国政府や中国の国民に働きかけて、中国が世界平和に貢献する方向に進むよう、そして、平和に日本と共存できるように進めていくしかない**と考えられています。

17 歴史問題についての基礎知識

日本と近隣諸国、とりわけ韓国、中国、北朝鮮とのあいだには歴史問題が残されています。この**歴史問題を踏まえてこそ、近隣諸国との交流が可能**になります。

いうまでもありませんが、１９１０年に日本は大韓帝国を植民地にして支配をし、その後、中国に対して侵略を行い、その延長として日本は、アメリカとの戦争に突入しました。

戦争は日本にも海外にも大きな被害をもたらし、広島、長崎への原爆投下によって終結しました。

日本はその後、それまでの体制を改めて再出発し、民主主義国になりました。

しかし、戦後、アメリカを中心とする資本主義国と、ソ連を中心とする社会主義国とのあいだで冷戦が始まり、朝鮮戦争が起こったため、**日本の敗戦処理は十分になされません**

でした。

そのため、しばしば、中国や韓国から、戦争中の責任などについて、追及されるのです。

韓国や中国の人は、次のように考えます。

もちろん、日本人の中にも同じように考える人がたくさんいます。

いわゆる「左派」と呼ばれる人や、「リベラル派」と呼ばれる人たちは、このような考え方をします。

賛成

◉日本が中国や韓国にひどいことをしてきたのは、紛れもない歴史的事実だ。

日本は韓国に対しては、そこに住む人々の人権を認めずに、無理やり名前を日本風にしたり、組織ぐるみで女性を無理やり兵隊たちを慰める慰安婦にして性的なサービスをさせたり、無理やり工場で働かせたりしてきた。

中国に対しては、南京で30万人を超す捕虜や一般市民を虐殺し、各地で多くの人を殺し、人体実験を行ってきた。

●それなのに、**日本は賠償をきちんとしていない**。

国家レベルではしたが、個人レベルでは補償をしていない。

それどころか、日本人の中には、過去の事実を否定する人、日本の戦争は正しかったという人もいる。

●**未来を築くためにも、日本はもっともっとしっかりと謝罪をし、賠償をするべき**だ。

それに対して、反対する人の中には、中国や韓国・北朝鮮を差別する偏狭な民族主義者や日本の戦争行為はすべて正しかったとみなす人がいます。

その人たちがネットなどで激しく発信していますが、そのような発言は**日本の歴史学者のあいだでは、まったく信頼されていません**。

小論文の試験などにそのような考えを書くと、おそらく不合格になると考えられます。

説得力のある反対意見は、次のようなものです。

反対

●**日本は過去の行為については、十分に反省をし、すでに十分な謝罪を行ってきた。**

国家賠償という形だけでなく、援助という形も含めて、戦争によって損害を与えた国に対して支援をしてきた。

●**韓国や中国の主張するような日本人の残虐行為については、十分な証拠が残されていない**ものも含まれる。

●韓国を植民地にしたことについては、**当時、世界の情勢として植民地は認められていたので、**国際法的に問題はない。

●過去の歴史についていつまでも問題にすると、先に進めず、国と国の対立が起こる。

もっと将来を見据えた国際関係をつくるべきだ。

18 靖国問題についての基礎知識

歴史問題と関連して、しばしば問題になるのが、靖国神社参拝問題です。

靖国神社には、これまでの戦争に兵士として参加し、国のために命を落とした人の霊がまつられています。

その中には、戦争責任者も含まれます。

ところが、しばしば日本の総理大臣や閣僚、政府関係者が靖国神社に参拝します。

日本が損害を与えた国からは、そのような行為は好ましく思われていません。日本国内にも、それに同意する人はたくさんいます。
その人たちは、このように考えます。

反対

●太平洋戦争で近隣の国に大きな被害をもたらした戦犯たちがまつられている神社を参拝するということは、**韓国や中国に迷惑をかけ、大勢の命を落とした戦争について反省していない**ことを意味する。

●**そもそも、戦犯をまつること自体、許されない。**戦犯の霊をまつるべきではない。
その人たちの霊をまつるなら、別のところにするべきだ。

それに対して、「靖国神社への参拝を続けるべきだ」という人は、次のように考えます。

賛成

●**国のために命を落とした兵士たちの霊を国民が大事にするのは当然の行為だ。**
その中に戦犯がいたとしても、その人たちが命を落として国を守ろうとしたのだから、国として敬意を払うべきだ。

●**戦犯といっても、アメリカを中心とする戦勝国によって一方的に罪を押し付けられた部分もある。**

これからも靖国問題はしばしば政治的な問題として浮上し、議論を呼ぶと思われます。

19 日本がとるべき文化戦略

20世紀後半には、日本は世界中から注目される先進国でした。

アジアで特有の文化を持ちながら、経済大国になり、世界をリードしていました。

ところが、バブル経済の崩壊、ＩＴ産業の出遅れ、少子高齢化の急速な進展、中国の急速な経済発展によって、**いまでは日本はアジアの突出した先進国ではなくなりつつあります**。

経済的にも政治的にも、中国などの国に大きな影響を受けるようになっています。

そこで日本社会が経済・文化ともによりいっそう豊かになるために、次のようなことが考えられています。

対策

◉まずは、**新しい技術の開発を行うべき**だ。

20世紀後半に日本が世界をリードしたのも自動車の技術など、工業技術によるものだった。

ＩＴ産業のほか、バイオテクノロジー、医学、エネルギーなどさまざまな分野で日本が世界をリードする可能性がある。

その分野に資金を投入して、**新たな日本の強みをつくる**必要がある。

◉**日本は、環境ビジネスに力を入れてきた**。省エネ技術も、他国に比べて圧倒的に進んでいる。

そのような**社会を清潔にするビジネスを中心にするのもうまい方法**だ。

◉日本に定評があるのは、**安全な食品、危険のない子ども用品、厳しい安全基準、壊れにくい正確な機械**などだ。

そのような**日本の安全性、正確さを売り物にするべき**だ。

●日本には、**和食というすぐれた文化がある。また、能、歌舞伎、狂言、文楽のような民俗芸能**もある。『源氏物語』をはじめとする、**すぐれた文学や美術**もある。

そのような**世界に誇る芸術文化をもっと世界に発信して、それらを愛好する人、研究する人を世界から呼び込むべき**だ。

●日本には高度な文化のほかに、**豊かなポップ文化**がある。

マンガ、アニメ、ゲームなどを、日本の楽しい文化、かわいい文化として売り出すべきだ。

また、B級グルメなどで、もっと多くの人に日本びいきになってもらい、日本に来てもらって日本への愛情を深めてもらう。

そうすることで、**日本の文化の存在感も高まり、日本経済の発展にもつながる。**

●**観光地の掘り起こしも大事な仕事**だ。

これまでの定番である京都、富士山、日光だけでなく、日本人にはなじみのない場所でも、外国の人に人気の場所もある。そのような、人に知られていない観光地を見つけ出して、その魅力をネットなどで伝える。また、珍しい祭りなども掘り起こす。

Q

例題1

貧困な国に対して、日本は何をするべきだろうか。300字程度であなたの意見を示しなさい。

解説

字数が少ないので、17ページで説明した「A型」を用いて、はじめにズバリとアイデアを書き、そのあとにそれを説明する形をとって書けばいいでしょう。

アイデアとしては、「貧困国に対して教育援助を行うべきだ」「人的援助を行うべきだ」「貧困国が自立できるような援助をするべきだ」などが考えられます。

103ページで説明したことを、少し分量を増やして書いてみてください。

A

解答例　その1

私は、貧困国に対して、日本は教育援助を行うべきだと考える。

教育こそが国の基本である。途上国の国民は教育を受けることができないので、いつまでも単純作業しかできず、高度な知的な活動ができないのだ。そのために、経済的に自立できず、国全体も貧しいままでいる。日本などの先進国が学校をつくり、教師を育てることによって、国に産業が育ち、その産業を維持する技術力を持った国民が育つはずだ。また、国民が教育を重視するようになると、国の衛生状態も向上し、少ない子どもに高い教育を受けさせようとして、子どもをたくさん産むことをやめ、自分たちで自立した道を歩むようになることが考えられるのである。

A

解答例　その2

私は、貧困国に対して、日本は人的援助を行うべきだと考える。

現在、貧困国に物質的援助や金銭援助が行われているが、それが本当に必要としている人に届いているとは限らない。権力者が自分の私腹を肥やすために使うこともある。また、せっかく施設などをつくっても、メンテナンスが行き届かなければ、役に立たなくなってしまう。人的援助を行い、日本の技師などのスタッフが農業や工業の技術を現地の人に指導してこそ、産業が定着し、人々は自立していくことができるのである。このように人的援助をしてこそ、必要としている人に必要としている技術を伝えることができるのである。

Part 2

地域系・観光系についての基礎知識

地域系と観光系志望者にはとくに大事な知識ですが、社会学系の学部でも出題されることがありますので、頭に入れておきましょう。

しばらく前から、地方がすたれています。

それが日本の大きな問題になっています。

第二次世界大戦前の日本は、農林業中心の社会でした。多くの人が、農村や山村で暮らし、農業や林業の仕事をしていました。

ところが、産業構造が変わり、**日本は戦後の高度成長の時期から、工業や商業が中心の社会になりました**。

つまり、農業の仕事をするよりも、工業や商業にかかわる仕事をするほうが、高い収入を得られるようになったのです。

そのため、それまで農村で暮らしていた人たちが、都会の企業で働くようになりました。

都市の人口は増え、農村や山村は人口が減っていきました。

しかも、高齢化が進んでいます。若い人は、産業のない農村で暮らすことをやめて、都会に出ていきます。

こうして、**農村や山村には、高齢者ばかりが目に付くようになってきた**のです。

このようにして、いくつかの問題が発生しています。

それらの問題について、まず見ていきましょう。

1 食料自給率についての基礎知識

2018年の日本の食料自給率は、生産額ベースで66パーセントほど、カロリーベースで37パーセントほどです。年々、これらの数字は下がっています。

つまり、**日本人が口にする食料の値段の30パーセント以上、カロリーの60パーセント以上が外国産のもの**だということです。

日本は、食べ物の多くを外国から輸入しているのです。**諸外国と比べて、かなり食料自給率が低い**といわざるをえません。

戦前にはほとんどの食料を国内で自給していましたので、大きな変化が起こったといえるでしょう。

そのようになったのには、次のような原因が考えられます。

背景

●**戦後、日本人の食べ物が西洋風になった。**パンやパスタを食べる人が増えた。
そのため、伝統的な日本の食料でなく、海外からの輸入食料が必要になった。

●**日本は工業によって国を支える政策をとった。**そのため、海外の国との貿易交渉で、農産物を輸入する代わりに、日本の工業製品を海外に輸出するという政策をとった。
そのために、だんだんと農業がすたれてきた。

●**グローバル化して、日本国内の農産物よりも、海外の農産物のほうが安くなった。**
そのため、日本の農業が成り立たなくなって、日本国内では農産物はつくられなくなった。

●**海外から安い農産物が入ってくるようになったため、日本の農家は経営が成り立たなくなった。**

そのために、あとを継ぐ人が減って、ますます農村はすたれてしまった。

このようにして、日本では食料自給率が下がっているのです。
これをよくないことと考える人と、このままでいいと考える人がいます。
よくないので改めるべきだという人は、次のように考えます。

反対

●食料を海外からの輸入に頼りすぎていると、輸入相手国で不作になったり、戦争や伝染病が起こったり、反日本の動きが出てきたときに、**日本に食べ物が入ってこなくなる恐れがある。**
そうなると、日本人が飢えてしまうかもしれない。

●海外に食料を頼っていると、日本の法律で禁止されている農薬などが使われた食料が、知らないうちに日本に入っていることも考えられる。

安全な食料にするためにも、自給率を増やすべきだ。

◉食料を海外に頼りすぎていると、日本の農業がますます衰退して、日本の農村が成り立たなくなる。日本の農業を守る意味でも、国民は国内産の農産物を買うなどして、自給率を上げていくべきだ。

賛成

それに対して、「自給率が下がってもいい」と考える人の意見は、次のようなものです。

◉食料自給率を上げようとすると、消費者は、海外でつくられたものよりも高い農産物を買わなければならなくなる。安い農産物を買うためには、自給率が低くても仕方がない。

◉日本は、先端的な工業製品や情報技術によって世界をリードしていく道を選んだ。

その方向に進んで世界から信頼されるには、そうした製品を輸出した分、輸入もする必要がある。

農産物を輸入するのは仕方がない。**世界各国と平和を保っていれば、食糧危機になることはない。**

2 農村部の問題点――限界集落

限界集落が問題になっています。

農村や地方都市では生活が成り立ちませんので、若者は故郷を離れて、都市で生活するようになります。

若者は、農業や林業などの親の仕事を引き継がずに、都市に出て会社勤めをすることになります。

このままでは、農村や山村は高齢者ばかりになってしまいます。そのため、集落が成り立たなくなっているのです。

そのような**限界を迎えた集落を「限界集落」と呼びます**。

限界集落で、残された高齢者は生活が難しくなっています。

現在、農村地帯では車なしには生活できませんが、高齢者は年齢が進むにつれて、車の運転ができなくなり、買い物にも病院にも行けなくなってしまいます。孤独死も起こってきます。空き家も増えます。

それを防ぐために、いくつもの方法が考えられていますが、なかなか実現できずにいます。

これまでそれなりに成功した例を含めて、現在、次のような方法が考えられています。

①観光化

過疎に悩む地域に観光の目玉にできるものがあれば、そこを観光地にできます。それを実現するために、次のようなことが考えられています。

対策

●**日本人観光客はもちろん、外国人観光客にも来てもらうことを考える。**

新型コロナウイルスの世界的な感染拡大のために、外国人の観光は下火になったが、これからも、中国、韓国、台湾、香港、タイなどからの観光客を呼び込むことができる。

これまで知られていない地域でも、観光客を呼ぶために工夫する。中国や韓国、台湾などの人々が喜びそうな観光ポイントを探して、それをネットなどで発信する。

●**多くの外国人が安く、手軽に泊まれるようにする。**

外国人スタッフを増やして、外国人が過ごしやすい環境をつくることも大事だ。

また、Wi-Fiを整備する。気軽に日本の文化を味わえるようにもする。

●地方に外国人が押し寄せると、田舎のよさがなくなり、人でごった返し、せっかくの魅力が失われる恐れがある。

また、観光地化を進めるために、自然が破壊されてホテルがつくられたり、道路がつくられたりすることも考えられる。

そのようなことがないように気をつけて地域の開発をする必要がある。

●SNSで人気になった観光地は、一時期、ブームになって観光客が押し寄せても、長続きしない。

はじめに注目を集める手段としてはそれでいいが、それが**長続きするように、地域の魅力をしっかりとつくっていく必要がある。**

②産業活性化

観光以外にも、地域活性化の方策が検討されています。

いくつか代表的なものを挙げてみましょう。

★一村一品運動

1980年代に大分県で始められて、全国に広まった運動です。

さまざまな村には、それぞれの長所があり、それぞれの特色があります。それを生かして、**その土地にあった特産をつくり出し、それを日本中に売り出そう**というわけです。

それほどの規模でなくても、地域の人たちがそこで仕事をして、それなりの収入を得られるようにします。

そうすることで、過疎化が止まり、人口流出に歯止めがかかることが期待されます。

★**農業の工場化**

農業は、腰をかがめて収穫をしたり、草取りをしたりといった作業をともなうなど、かなりの重労働です。

しかも、天候の影響を受け、災害が起こったり、異常気象だったりすると、収穫にも被害が及びます。そのため、新たに農業の仕事をすることをためらう人も少なくありません。

そこで、**工場のような経営にする農業の仕組みをつくる**ことが考えられています。**勤めに出るような感覚で農地に行き、給料をもらって仕事をする**わけです。

天候の影響の大きな作物については、工場をつくって、その内部で栽培します。バイオテクノロジーを使って、人工的に栽培する食物も増やします。

そうすることによって、**効率的に農業を経営できる**と考えるのです。

★**都会人への呼びかけ**

都会で暮らしている人の中にも、土いじりの好きな人、農業にあこがれる人が一定程度います。

新型コロナウイルスの感染拡大も、都市部が病気に対して弱いことを示しました。したがって、多くの人に、**都会よりも暮らしやすい田舎の魅力や農業の魅力を伝え、農村に移り住んでもらうように働きかける取り組み**が行われています。

定住してくれたら、家賃を安くしたり、無料にしたり、税金を安くしたり、教育費を無料にしたりといった配慮をします。また、農業を初歩から教えます。

そして、**農業でも、都会のサラリーマンのように安定した給料を得ることができる**こと、ストレスなく楽しく生きていくことができることが知られるようになると、いっそう多くの人が農村に移り住むようになる可能性があります。

★外国人の入植

外国人の中には、農業に従事してきた人がたくさんいます。**実際、日本で農業の仕事をするのを望んでいる外国人も多くいる**ので、その人たちに働きかけて、農業の仕事をしてもらうようにするわけです。

そうすれば、外国人が農村に住むようになり、そこに定着する人も増える可能性があります。それには、**そのための法的な整備をする必要**もあります。

★**林業活性化**

日本は山間部が多く、そこにはスギやヒノキなどの木が植えられ、家や家具などの素材として大事にされていました。

ところが、20世紀後半から世界の各地から安くて加工しやすい木材が輸入されるようになって、**日本の木材の価値は下がり、林業も成り立たなくなっていきました。**

いまでは、林業の仕事に就いているのは高齢者ばかりで、手入れが行き届かないので山が荒れて、木が倒れたり、動物が増えたりといった状況になっています。

ところが、近年、日本のスギやヒノキなどを用いた家具や家は、日本の建築技術、木工技術とともに広く知られるようになり、世界で求められるものになっています。

そこで、**日本の木のよさや日本の木工加工技術を世界にアピールして、林業を再び活性化させよう**という動きも出てきました。

また、バイオマス発電に森林を使おうという考えもあります。

3 地方都市の問題点――シャッター街

かつては、地方には人口が5万人前後の小さな都市があり、そこが農村や山村の中の小さな都市として機能していました。

ところが、**人口はだんだんと大都市に移っていくようになり、そのようなところも都市として成り立たなくなりつつあります**。

利用者が少ないために、鉄道がほとんど機能していないところも、たくさんあります。

地方の都市には、いくつかの問題点があります。

最も問題視されているのは、**地方都市の商店街がシャッターが下りて閉店したところが増えて、いわゆる「シャッター街」になっている**ことです。

シャッター街が増えていることには、いくつか理由があり、次のことが考えられます。

背景

◉郊外に大型ショッピングセンターができて、従来の駅前などの商店街に人が集まらなくなっている。

地方では、公共交通システムが発達していないので、多くの人が自分の車を使って買い物に出かける。かつての商店街ではなく、車で行きやすい郊外のショッピングセンターに多くの人が買い物に行くようになった。

◉ネット販売が広まって、ラクに買い物ができるようになった。

現在では、医薬品や生鮮食料品もネットで買うことができる。ネット販売を利用することで、高齢者も車を使って買い物に行かずに済むので、ますます広まっている。

そのため、わざわざ外出して地域のお店で買い物をする機会が減った。

このようにして、地方都市の商店街がシャッター街になり、経済が低迷しているのです。

これは困った点を含んでいます。その理由は、次のとおりです。

問題点

●郊外のショッピングセンターやネット販売は、大企業のチェーン店が多く、そのほとんどが日本の大都市や海外に拠点を置く会社なので、それらの**ショッピングセンターの利益は、あまり地域にはもたらされない**。だから、**地域経済は活性化しない。**

●地域の人は、従業員として雇用を得ることができるが、その場合も、正社員でなく、**パート従業員やアルバイト従業員であることがほとんどで、あまり地域の発展に結びつかない。**

このように、地域の経済は困った状態にあります。

では、どうすればいいのでしょうか。
多くの人が頭を悩ませている難しい問題ですが、次のような案が出されています。

対策

●地域の小売店がネットワークをつくって、宅配を行うようにする。そのために、地域の自治体が支援をする。
そうして、全国規模のネット販売に負けないような宅配のシステムをつくる。

●電化製品の設置やメンテナンスなど、消費者のニーズに応じた行動ができるような地域のネットワークをつくって、大手に負けないサービスを行う。

●将来的に、コンパクトシティ（住居やさまざまな施設を集中させた小さな都市）をつくって、病院や学校、図書館、小売店などを小さな区域に集中させる。
つまり、いま、あちこちに点在している住宅や施設を小さな区域に集中させる。
そうすることで、効率的な小都市ができて、住む人が増えてくる可能性がある。

●**シャッター街が増えているのは、地方都市の人口減少が最大の原因**なので、地方都市の魅力をわかってもらい、人口を増やす必要がある。
そのためには、**大都市に住んでいる人に地方都市のよさをわかってもらう必要がある。**

新型コロナウイルスの感染拡大によってテレワーク（在宅勤務）が広まっており、地方都市にいながら、大都市にある会社の仕事をすることもできる。

地方都市で暮らせば、都会のよさと田園地帯のよさの両方を味わうこともできる。

そうしたことをアピールして、地方都市の人口を増やす。そうすることで地域経済の活性化につなげる。

4 ウイルス禍への備え

2020年、中国の武漢で突然、新型コロナウイルスの感染が問題になり、ちょうど中国の人たちが大移動をする旧正月（春節）の休暇と重なったため、それが瞬く間に世界中に広がりました。

世界中で多くの感染者、重症者、死亡者を出し、経済を含めて世界中が大パニックになりました。

東京オリンピックは延期になり、そのほか世界中にさまざまな影響が起こりました。

これまでにも、人類はたくさんの伝染病と戦ってきました。

21世紀に入ってからも、2002年に同じく中国で**「重症急性呼吸器症候群」（SARS）**、2012年にはサウジアラビアで**「中東呼吸器症候群」（MERS）**による感染症が起こって、世界を脅かしました。

幸い、それらはそれほど大きな被害を出さないうちに食い止めることができましたが、２０２０年の新型コロナウイルスは、**それまでとは比較にならない速度で世界中に広まり、日本を含む世界中で多くの感染者と死者を出し、世界全体でのパンデミック（感染爆発）が起こった**のです。

このように**急速に世界に広まったのは、世界のグローバル化が急速に進んでいるため**でした。

日常的に人々が国境を越えて活動しているので、ウイルスも国境を越えて世界に広がったのです。

しかも、前に述べたとおり、経済的にもグローバル化しているために、ウイルス感染のための不況が全世界に広まりました。

人が集まると感染が広がるために、各国が外出の自粛を要請したり禁止したりしたので、観光業、飲食業、イベント業、文化・芸術にかかわる人たちは大打撃を受けました。

２０２０年の新型コロナウイルスを教訓として、今後、このような被害を受けないために社会のあり方を変えることが求められています。

そのために、次のことが考えられています。

対策

●新型コロナウイルスの感染拡大のため、海外、とりわけ中国からマスクなどが輸入できなくなって困る人が多かった。また、中国から部品を輸入しているために製造がストップする工場も多かった。**ひとつの国に頼るのではなく、いくつかの国から輸入し、万一の時には日本国内でも生産できるように生産体制を整えておく**必要がある。

●感染が広まっている国からやってくる人々の入国制限を早くしていれば、もっと被害を少なくできたはずだった。**もっと迅速に、海外の病気に対応できるような制度をつくる**必要がある。

●観光業などが好調であるため、これまで海外、とくに中国の観光客を頼りにして、ホテルの建設などを進めてきた。だが、感染などが起こると、それがすべてキャンセルになって経済的に大打撃を受ける。

したがって、そうならないように、**観光業についても、ふだんから外国だけに頼らないようにしておく**必要がある。

●感染だけでなく、テロに対しても人が大勢集まるところには危険がある。**テレワーク、在宅ワーク、オンラインでの仕事や会議をもっと増やし、これからは人の集まる機会を減らす社会にしていく**必要がある。

事実、そのような会社が増えて、**「会社にみんなが集まって仕事をする」というスタイルが変化する可能性がある。**

●感染などが起こってパニックになると、さまざまな物の買い占めが起こる。マスク、消毒液などの買い占めが起こる。また、デマによって、トイレットペーパー、ティッシュペーパーなどの買い占めも起こった。

そのようなことがないように、**備蓄を増やし、デマが拡散しないような工夫を行う**必要がある。

●医療崩壊が起こると、重症者、死亡者が増える。
医療について経費削減などをしすぎると、大きな感染が起こった場合に被害が大きくなることが、新型コロナウイルスによってわかった。

経済効率の優先によって、医療施設を減らすことがないように工夫していく必要がある。

●病気の感染をコントロールするには、一人ひとりの個人情報を把握し、機械的に指示を行うのが効率的だ。
たとえば、感染者を把握して、その人たちに的確な指示を出すことができる。また強圧的に都市封鎖などもできる。

しかし、それでは個人のプライバシーが軽視され、管理社会になる恐れがある。

上手に病気などを管理できるようにしながらも、管理しすぎないような社会の仕組みを考える必要がある。

5 災害対策についての基礎知識

近年、大災害が増えています。

堤防をつくり、治水を整えたにもかかわらず、大きな台風や地震、津波などによって、それらがやすやすと破壊されてしまう様子が、しばしばテレビで報道されます。

それには、次のような原因が考えられています。

背景

◉**地球温暖化による異常気象になっている。**また、ビルが建ち並び、道路が舗装されたために、**都市部が暑くなるヒートアイランド現象も起こっている。**そのため、100年に一度というような大雨が降ったり、激しい風が吹いたりする。

◉かつて農地だったところに家ができて宅地化されてしまった。**水田は水をためることができたので、洪水調整の役割を果たしていた**が、それがなくなったので、雨が降るとすぐに水が宅地に押し寄せるようになった。

◉**林業が成り立たなくなって山林が放置されている**ために、木が倒れ川をせき止めて洪水を誘発したり、土砂崩れが起こったりしている。

対策

それを防ぐには、いくつかのことが考えられます。

◉**ため池などの、水の迂回路をつくって、水がすぐに宅地に押し寄せないような工夫**をする。そこをふだんは動植物の生息地として楽しめる場所にしておけば、住民の憩いの場にもなる。

●水害が起こったときの避難方法を考えておく。
ハザードマップをつくり、住民に避難場所を周知させ、避難訓練をする。避難呼びかけの方法もきちんと考えておく。

言葉ひとつで、住民は深刻に考えたり、甘く考えたりするので、的確な言葉で避難を呼びかける。

●**歩くことのできない高齢者や障害者をみんなで助け出せる**ように前もって考えておく。

●**そもそも危険地域を住宅地にしないように規制を設ける。**
業者は危険な箇所にも家をつくり、魅力的な言葉でそれを買わせようとするので、そうしないように法律をきちんとつくる。

6 社会インフラが老朽化している

水道管が破裂して、道路が水浸しになった、ガス管が破損してガス漏れが起きた、トンネルが崩落した、橋が壊れた……。そのような報道がしばしばなされます。

このようになってしまうのには、いくつかの原因があります。

背景

●これらのインフラの多くは市町村が管理しているが、**地方は高齢化が進んで、税金が入らなくなり、対策のためのお金をかけられなくなっている。**そのために、十分にメンテナンスができずに、事故などを起こしている。

●メンテナンスなどの仕事を実際に行うのは、市町村などから委託を受けた人々だが、その作業ができる熟練技術者が不足している。

トンネルや橋が壊れたら、大事故につながるので、費用を惜しまず、**技術者の養成を行う**必要がある。

7 空き家問題

空き家が増えています。

以前から問題になっているのは、**農山村地域の空き家**です。

前にも説明しましたが、農林業がすたれてしまって、それを受け継ぐ人が少なくなっています。

山間部の家で林業を営んでいた人が高齢になって、次の代になると、もう林業をやめて、都会に引っ越してしまいます。そうすると、田舎の家がそのまま空き家になって残ってしまうのです。

また、そのようになってしまうと、村での暮らしが成り立たなくなってしまうので、ますます、山間部の人口が減り、空き家が増えるのです。

ところが、**近年は、都市部の空き家も問題**になっています。

都市部の空き家問題にも、いくつかの理由があります。

背景

●**団地の賃貸アパートの空き部屋がある。**１９６０年代から70年代にかけて、都市部のあちこちに鉄筋コンクリートの団地が建設された。はじめは団地はあこがれの場所だったが、老朽化してしまい、入居者も高齢化した。**老朽化した団地の人気がなくなり、入居者が減って、その多くが活気を失っている。**

●一戸建ての家でも、空き家が増えている。

住んでいた高齢者が亡くなったり、高齢者だけで暮らせなくなって施設に入ったり、子どもと一緒に別のところで暮らすようになって、引っ越してしまい、そのままになった家屋も多い。

●古い戸建てやアパートが、壊すにもお金がかかるために、そのまま放置されていることも多い。

また、誰が相続するのかわからずに、そのままになっている家もある。相続人がわからないと、壊すこともできない。

このようにして、空き家が増えているのです。

空き家には危険が伴います。

動物がすみついたり、人がそこに入り込んで犯罪に使われることもあります。放置されて、倒壊したり、屋根が剥《は》がれたりする恐れもあります。

そのようなわけで、空き家を減らす努力がなされています。**相続する人がわからないときには、必要に応じて取り壊しができるような法律の整備**が考えられています。

また、**団地の空き部屋を有効利用する**試みもなされています。地方出身の大学生や外国からやってきた留学生など若い人に安く貸して、地域の活性化につなげる試みもあります。

魅力ある建物に改装して、多くの人を迎え入れようという動きもあります。

Q

例題2

はじめに、あなたがよく知っている市町村をひとつ挙げてください。その土地は、あなたの生まれた土地でも、あなたがこれから暮らしたいと考えている土地でも、あるいはそれ以外の土地でもかまいません。そして、そのあとに、その土地をもっといい場所にするにはどのようにするべきか、あなたの意見を600字以内で示しなさい。

解説

土地を選ぶポイントは2つあります。

ひとつは、**人口が減って、低迷している土地**です。

農村地帯やシャッター街になっている地方都市などがいいでしょう。

あるいは、大都市圏であっても、存在感がなく、だんだんと埋もれていっているような土地です。それを選んで、どのように活性化するかを書きます。

もうひとつの方法は、**にぎわっている土地**を選ぶことです。

大都市出身の人は、そのような土地を選ぶほうが自分の視点で書けるかもしれません。

そのうえで、どのようにすればもっと自然と共存した人間らしい生活が可能かを書きます。

書き方としては、2つの方法があります。

少し字数が多いのですが、「A型」を用いて、最初にズバリと自分のアイデアを書いて、その説明をします。

第二の方法は、「C型」を用いて、最初に自分のアイデアを書き、第2部で「確かに、この方法をとるにはお金がかかる（時間がかかる）といった問題点はあるが、これが最もいい方法だ」あるいは「確かに、ほかにもいい方法があるが、この方法が最もいい」などと示します。

そして、第3部で自分のアイデアについて説明をし、第4部でまとめます。

A

解答例　その1

大分県日田市

私は故郷である大分県日田市を観光の町として売り出したいと考える。

確かに、日田には温泉があるが、50キロほどのところに日本を代表する温泉地である湯布院があるので、その魅力を多くの人にわかってもらうのは難しい。しかも、それほど大きな観光地があるわけでもない。しかし、湯布院を訪れる前後に立ち寄る歴史と文化の街として日田市を売り出したい。

日田市は江戸時代に広瀬淡窓の開いた私塾である咸宜園があり、江戸時代の町並みを残す豆田町がある。天領として栄え、中九州の文化の中心だった。ひな祭りや祇園祭は有名だ。そして、何よりも豆田町には川魚料理などのおいしいお店がある。湯布院にはない歴史文化がある。そこで、温泉を楽しむ前後に、日田で九州の文化に親しんでもらう。とくに地域に根差した鮎や鯉などの料理文化を売り出す。九州の文化を受け継ぐおいしい料理のふるさと日田として売り出すのである。日田にはすでにおいしい料理がたくさんあり、おいしい水もある。それをしっかりとアピールすることによって十分に魅力を伝えられるのである。

以上述べたとおり、私は日田の文化を示す料理を売り出すことで観光化を行うべきだと考える。

A

解答例　その2

東京都多摩市

東京都多摩市にある多摩ニュータウンを昭和の味わいの残る住みやすい街にして、多くの人が住みたい場所にしたいと考える。

確かに、現在、多摩ニュータウンは老朽化して、高齢者の街になり、活気を失っている。歩くのは高齢者ばかりになっており、魅力ある街と思っている人は少ない。しかし、この街を魅力ある街にできると考える。

50年ほど前にニュータウンとして整備された団地は緑が多く、住みやすい環境にある。団地にはエレベータがなく階段なので、それを改善すれば、高齢者に住みやすく、落ち着いた町になる。ここを高齢者や子どもにとって住みやすい町に変えるのである。ゆったりとした町にして、のんびり過ごせるようにする。無理に現代的にしないで、昭和の商店街の雰囲気が残るような街づくりをする。昭和らしい居酒屋や映画館、喫茶店などが並ぶ通りもつくる。むしろ古臭さを上手に魅力に変えるのである。

以上述べたとおり、昭和の情緒の残るのんびりした暮らしやすい場所にすることによって、多摩ニュータウンをこれからの大事な街にするべきだと考える。

Part 3 社会学系についての基礎知識

社会で起こっているほとんどすべてのことが、社会学系の小論文問題に出題される可能性があります。ニュースなどに気をつけている必要があります。

とくに問題になっていることをまとめてみましょう。

メディア・コミュニケーション系を志望する人にも、この知識はとても大事です。

1　多様な生き方の時代

かつての日本では、標準的とされる生き方がありました。その生き方とは、次のようなものでした。

かつての生き方

●男性は社会に出て仕事をし、女性は家庭で家族を支えるべきだ。男性は女性よりも高い学歴をつける。女性に学問は必要ないので、花嫁修業をしたり、早くから働くことが求められた。

●男性は、中学や高校を出ると、多くの人がすぐに仕事を始めた。裕福な家庭では、男の子は大学まで進んで、もっと高い地位に就くことができた。

●女性は、花嫁修業をしたあと、結婚して、子どもを2人か3人産み、そのまま家庭で過ごした。
女性が仕事をすることもあるが、結婚後やめることが多かった。その後は、専業主婦であることが多く、共稼ぎは少数派だった。

●働く人は、ずっと同じ会社で働いて（終身雇用）、年とともに出世する（年功序列）ことが多かった。
また、55歳前後で定年退職して、その後、年金で夫婦で暮らし、時に長男夫婦と過ごして、70歳前後で寿命を迎えた。

ところが、現在では、このような生き方は標準ではなくなりました。
そもそも、標準的な人生というものがなくなったといえます。

現代の生き方

●男性は社会で働き、女性は家庭を支えるとは考えない。女性も社会で働く。性別によって社会的役割を決めるのではなく、一人ひとりが自分らしく生きることが求められる。

●終身雇用や年功序列といった雇用形態が減り、転職も普通になった。能力主義が増え、ずっと同じ会社に勤めても自動的に地位が上がるわけではなくなった。

●結婚する時期が遅くなり、結婚しない男女も増えた。核家族が増え、三世代で暮らすことは少なくなった。男性に限らず、女性も高い教育を受けるようになった。「家庭をもって子どもをつくるのが女の幸せ」という考え方もなくなった。

●現在、定年を65歳にする組織も増えている。70歳とするところ、あるいは定年を定めていないところもある。

平均寿命が延び、80歳以上生きるのは当たり前になった。90歳以上、あるいは100歳以上まで長生きする人も増えた。

◉老後は高齢者夫婦で暮らすのが当然になった。

夫婦のどちらかが亡くなったり、高齢者だけでの生活が成り立たなくなったら、老人ホームなどに入ることが多くなった。**老後は子どもが介護するという考えが薄れた。**


ただ、このような変化については、反対意見もあります。

「どんな生き方をしてもいい、多様な生き方を尊重するべきだと言い出すと、何が正しいかわからなくなってしまう」

「それに、結婚する必要はない、子どもは生まなくていいと言い出すと、子どもが減ってしまう。標準的な生き方があって、それを模範として、みんなが生きるのが望ましい」

というふうな考えです。

しかし、**標準的な生き方を示すと、どうしてもそれを押し付けるようになってしまいます。**

現在では、多様な生き方が一般的で普通になりつつあります。個人は自由に生きることができ、それを非難するべきではありません。

多様性を認める考え方が、世界中に広がっています。

②　LGBTについての基礎知識

多様な生き方を尊重する社会にする場合、大きな問題になるのが、**性的少数者の問題**です。

大多数の人は異性に性的な関心を持つのですが、そうでない人も一定程度います。

その人たちは、「レズビアン」「ゲイ」「バイセクシュアル」「トランスジェンダー」の頭文字をとって、**「LGBT」**と呼ばれます。**全人口の8パーセント前後いる**といわれています。

以前は、このような少数者は差別の対象になり、社会で排除されたり、からかわれたり、いじめられたりしていました。「異性を愛するのが普通であり、それ以外の人を対象にするのは異常である」と考える人が多くいました。

そのため、自分が性的少数者だと気づいても、それを告白できずに苦しんできた人が大勢いたのです。

これからは、そのようなことのない社会にしていく必要があります。

みんなが自分らしく生きることができ、差別されたり、差別したりすることのない社会の実現をめざさなければなりません。

3 優生思想の問題点

2016年に神奈川県の障害者施設が襲われて、大勢の死傷者を出した事件は大きな衝撃を与えました。

その犯人は、「障害者は世の中の邪魔になっているので、殺していい」という考えを持っており、それを主張しました。この犯人は死刑判決を受けましたが、ネットなどでそうした考えに同調する人もかなりいるようです。

この殺人犯の主張は、「役に立つ人間には価値がある。役に立たない人間は価値がない。役に立たない人間は生まれてくるべきではない。そのような劣った人間は殺していい」という考えにもとづいています。

こうした考えは**「優生思想」**と呼ばれます。

これはとても危険な考えです。次のような意見が挙げられています。

反対

●**人間の命はすべて対等**である。**どのような人も命の価値に違いはない。**
そのようなことで人の命の価値に差をつけていたら、社会は成り立たない。

●人に優劣をつけるといっても、**誰が劣っているかどうかは、さまざまな視点があって決められない。**
人を傷つける人間が劣っているとみなすと、それこそ、人を殺すような人間が最も劣っていることになる。

●**ヒトラーは、ユダヤ人は劣った民族だとして、大虐殺を企てた。**そこにあるのも、**「劣った人間は殺していい」**という優生思想だった。
このような考えを肯定してしまうと、**人命尊重という近代社会の基本が失われ、弱肉強食の世界になってしまう。**誰もが住みにくい社会になる。

●人間社会では一定程度、障害のある人間が生まれる。それは人類のDNAの持つ必然だ。その人を生んだ親だけの責任にはできない。したがって、**社会全体で、障害のある人をサポートする**必要がある。

4 バリアフリー、ユニバーサルデザイン

「バリアフリー」とは、体の不自由な人が社会生活を送っていくうえで障壁(バリア)となっているものを取り除くことをいいます。もともとは、段差をなくす建物のことをいいましたが、現在では、制度や考え方についても使われています。

現在、駅や道路、学校などの公共施設で「バリアフリー」になっていないところがたく

さん残っています。一般のレストランやお店でも、「バリアフリー」になっていないところのほうが多いくらいです。

「バリアフリー」になっていないと、車いすの人は動けませんし、目の不自由な人、耳の不自由な人も、自由に動くことができません。

どうしても、そのような人たちは孤立してしまい、社会に出て活動することができません。

体の不自由な人が、もっと社会に出て活動し、多様な人々が活躍できるようにするためには、もっと「バリアフリー」を進める必要があります。

ところで、「バリアフリー」の考え方がさらに広まって、「ユニバーサルデザイン」という考え方があらわれてきました。

「ユニバーサルデザイン」とは、障害のある人もない人も、年齢や性別も関係なく、みんなが使いやすいものをつくろうという考え方です。

たんに障壁をなくすのではなく、誰もが使いやすい設備や制度をつくってこそ、みんなの活躍する多様な社会の基礎になると考えられています。

5 クオータ制とは何か

少数者を尊重する方法として、何かを選抜する場合、人口の割合に合わせようという考えがあります。

たとえば、多民族国家では、どうしても難関大学への入学は、支配的な民族が独占してしまいます。そこで、少数派や、権力を持たない民族を、人口配分に応じて入学させようというわけです。

たとえば、少数民族がその国の5パーセントを占めているときには、成績が少し悪くても、5パーセントになるくらいのその民族の受験生を合格させます。

大学入学者だけでなく、国会や地方議会の議員など、公的機関のメンバーもそのような比率にします。また、一般の会社の幹部もそのような割合を反映させます。

民族だけではありません。宗教についても、使用言語についても、そのような配分を考えるのです。

そうすることで、**力を持たずに不平等な目にあっている人を対等に扱うことができます**。

少数派の人は、社会の中で力がないので、なかなか社会的な地位を築けません。家庭が貧しいことも多いので、その家の子どもは勉強に力を入れることができません。

ですから、そのように**人数配分することによって、対等に近づける**のです。

男女比についても同じようなことが考えられています。

それをとくに**「クオータ制」**といいます。

議会などでは、**女性議員は少数派**です。そうならないように、**一定程度の割合をあらかじめ定めておいて、その人数だけ当選させようという制度**です。

たとえば、女性議員を30パーセントと定めておいて、女性の立候補を促し、その人数分の女性候補者を当選させます。

こうすることで女性議員を優遇し、女性の政治参加を促し、社会全体を健全にするのです。

ただし、これには根強い反対意見があります。

その最大の意見は、**「逆差別」**だというものです。

「女性だからといって優遇すると、意欲のない女性、政治家にふさわしくない女性までもが政治家になってしまう。そして、その分、優秀な男性政治家が落選してしまう。つまり、**男性差別になってしまう**。女性の政治参加を促すのはいいが、だからといってクオータ制をとる必要はない。自然に任せればいい」という考えです。

6 日本の集団主義についての基礎知識

日本社会について考えるとき、必ず問題になるのが、**集団主義**です。
このことを頭に置いて日本社会について考える必要があります。
日本は集団主義の傾向があるといわれます。

集団主義には次のような行動、特徴があります。このような特徴が日本では多いといわれています。

特徴

●**みんなで行動する傾向が強い。**団体旅行、修学旅行、社員旅行、退社後にみんなで居酒屋に行き、みんなで同じものを注文する傾向が、日本人にはある。

●**自己主張しないで、みんなに合わせる。**みんなと同じような服を着て、空気を読んで人と違った行動は慎む。突出したことを言わない。誰かが反対しそうだと黙ってしまう。

●**遠慮がちで、目立つこと、人前で何かをするのを嫌う。**閉鎖的で、みんなと違うことはしないで、みんなの中に埋もれようとする。

●**「みんな同じ」という意識が強い。**

「同じ日本人だから」「同じ人間だから」と考えて、自分もほかの人も同じようにみなす。

このような集団主義的な傾向には、次のようなプラス面が指摘されています。

プラス面

●仲間をつくって、その中で気をつかい合う。**空気を読んで平和に過ごそうとして、和気あいあいとした雰囲気の集団になる。**

●会社の経営者と労働者が協調する傾向が強く、**「自分の会社」「自分の組織」という意識を強く持つ。**

●欧米のように自己主張して対立したり、表立って経営者と労働者が衝突したりしない。**平等を重視して、穏やかに物事を進めようとする。**

しかし、これにはよくない点があることも指摘されています。

マイナス面

●**集団内では仲良くするが、その仲間に入れない人は仲間はずれになる。**
仲間内では、みんなが同じような価値観を持って仲良くしようとするが、**別の価値観の人は認めようとしない。**

●**自分の意見を持たないで他人に流される人が多く、それに反対すると仲間はずれにされてしまう。**
だから、仲間はずれが怖くて、みんなが議論しないでなんとなく物事が決まっていく。

●別の意見の人と議論して物事を決めるのではなく、情にからめて物事が動いていく。

だから、**別の価値観の人と交流の多いグローバル社会には、なじまない**傾向がある。

10～20年前までの日本は、集団主義的な傾向が強かったといえるでしょう。

ただ、いまはずいぶんと変化してきました。

そのため、「日本が集団主義的というのは、間違いだ」というような意見も増えています。

しかし、いずれにしても、日本はそのような傾向が強いといわれていることは頭に入れて物事を考えてみる必要があります。

7 日本は不寛容な社会か

社会全体は、多様性を認め、さまざまな生き方、考え方を許容する社会をめざしています。

ところが、**現実の社会では、むしろ不寛容になっている**ようです。

前項で解説したように、もともと日本社会は集団主義的な傾向が強いといわれていました。そのために、**不寛容な面があった**といえるでしょう。

ところが、近年、それにもまして、不寛容な傾向が増しているといわれています。

有名人がSNSで失言したり、ちょっとしたマナー違反をすると、ネット上に激しい悪口や憎しみの言葉が飛び交います。

軽い犯罪でも、あるいは不倫や離婚などの個人的な出来事でも、容赦ない言葉が並び、社会に対する謝罪を要求します。**袋叩き状態**です。

実際に犯罪を起こしたり、非難される理由のある人への批判ならまだしも、時には、まったく根拠がないのに、勝手な思い込みや誤解によって攻撃することも増えています。

このような状況になったのには、いくつかの原因が考えられます。

背景

●SNSが発達して、多くの人がSNSで気軽に発言できるようになった。**一人ひとりは気軽に発言していても、それが集団になると、激しい批判になる**傾向がある。

●**多くの人がストレスを抱えており、現代社会は格差も広がっている。**恵まれた生活をしている人は少数で、多くの人が経済的に恵まれず、精神的な糧《かて》も得られずに生きている。そのような人が、**有名人などの恵まれた人の落ち度を見つけると、それを攻撃することによって憂さ晴らしをする**傾向にある。

●**競争社会になって、多くの人が余裕なく生きている。**そのために気軽な気晴らしを求めている。

他人への攻撃は、気軽な気晴らしとしてなされている。

●公的な場では、みんなが建前として多様な生き方を認めるような発言をするが、心の奥ではそれに納得しないで、**以前のままの一律の価値観を持っている人も多い。**

そのような人が、自分と違った考え方の人を見つけると、それを許せずに攻撃してしまう。

不寛容な社会は、社会の中で生きる人たちから自由を奪ってしまいます。

攻撃されるのが怖くて、さまざまな人が発言できなくなってしまいます。しかも、多様な価値が失われて、みんなが同じようなことをしたり行ったりするようになってしまいます。

いいかえれば、**多様な価値観を認めない社会**になってしまいます。

8 「実名の発信」か「匿名の発信」か

無責任な発信を改めるために、**インターネットに投稿するときには、原則として実名にしようという考え**があります。

あるいは、匿名の発言であっても、問題が起こった場合、プロバイダなどに問い合わせたら、すぐに実名がわかるようにするべきだという意見があります。

そのように主張する人は、次のように考えます。

賛成

●匿名のために、中傷、ウソなどの無責任な発信が多い。そのために、さまざまな情報が氾濫して、何が正しいか、何が真実なのかわからなくなっている。**実名での発信を原則とすることで、そうした発信を減らすことができ、社会が安定する。**

●匿名だと、ほかの人と議論になったときに、発言内容だけで説得するのは難しい。**人がその発信を正しいと判断するのは、発信者の経験、知識、人柄が信頼に値するからだ。**匿名ではそのような判断ができないので、**信用できない情報ばかりが増えること**になる。

●実名を示して意見を言ってこそ、発言に責任をとることができる。**責任を持った発言をし、それを認め合ってこそ、表現の自由が成り立つ。**

民主主義社会では、責任を持った発言をするべきである。

それに対して、「匿名を原則とするべきだ」と主張する人は、次のように考えます。

反対

●**匿名によって自由に本音で語れる。**実名にすると、プライバシーを明かすことになり、時に攻撃されるなどの不利益を被ることがある。実名では、内部告発などができなくなる。

●実名にすると、社会的地位や年齢によって判断されて、発言そのものによって判断されなくなってしまう。**匿名であるからこそ、その内容だけで意見を交わし合うことができ、多くの人が対等にネット空間で意見交換や情報交換ができる。**

9 食品ロスについての基礎知識

食品ロスが問題になっています。食品ロスはさまざまなところで出ています。
まず、食品ロスが出る原因を考えてみましょう。

背景

●食品工場や農場で、規格外品などが生まれる。味は変わらないのに、傷がついてしまったり、サイズが規格外になってしまったりしたものが出る。
●スーパーやコンビニやレストランで、売れ残りや賞味期限切れの商品が捨てられる。

◉家庭でも食べ残したもの、食べないうちに賞味期限が切れてしまうものも多い。

食品ロスは、さまざまな面で無駄です。資源の無駄ですし、ゴミになるので、それを処理するための経費もかかります。では、どうすれば食品ロスを減らすことができるのでしょうか。

対策

◉工場などで、規格にあまりこだわらず、味が同じであれば、流通から外れないようにする。それができない場合は、規格外のものは缶詰にしたり、安売りしたりと、値段を下げても何らかの形で商品にできるようにする。

◉現在、賞味期限（「これを過ぎたら、おいしく食べられなくなる」期日のこと）と消費期限（「これを過ぎたら、食べないほうがいい」期日のこと）が表示されているが、日本の基準は厳しすぎて、まだ食べられるのに捨てられることが多い。見直しの必要がある。

●**賞味期限と消費期限が区別されて表記されているが、その違いを明確に理解しないで、まだ食べられるのに捨ててしまう人**がいる。もっと理解できるようにする。名称を変えて、もっとわかりやすくする必要がある。

●レストランやスーパー、コンビニなどの小売店で食品ロスをなくすには、たとえば、**予約制を増やす**。予約制にすれば、だいたいどのくらいの量をつくればよいのかわかるので、無駄をなくせる。

●それでも賞味期限が切れて食品を捨てなければならない場合、**賞味期限が切れそうなものを安く売ったり、無料で食べ物に困っている人に渡したりする。**

◉一般家庭で食品ロスを出さないためには、

「購入するときに、無駄にならないように気をつける」

「生のままでは早く腐るので、下ごしらえをして味付けすることで、長持ちさせる」

「賞味期限が近づいて、食べきれないと思ったら、早めにボランティア団体に寄付をする」

などの工夫をする。


ところで、賞味期限が近づいた食品を無駄にしないために、**子ども食堂**を利用することが考えられています。

子ども食堂は、近年、**貧しくて食事を満足に与えられていない子どもなどに食事を与える**ために、あちこちで開かれています。

貧しい子どもたちだけに食事を与えると、いじめや差別が起こったりするために、貧しくない家庭の子どもも一緒に食べられる雰囲気づくりをしているところも多いでしょう。

そのようなところでは、ボランティアの方が、子どもたちに食事をつくって、無料もしくは無料に近い値段でふるまいます。

そのため、どうしても材料費などに困りがちなので、そこに、賞味期限が切れそうになっていたり、賞味期限は過ぎていてもまだ食べられるもので、廃棄寸前のものを、無料もしくは無料に近い値段で提供します。

そうすることで、食品を有効に使うことができ、子どもたちも食事をすることができるのです。

10 深夜営業の停止

近年、コンビニやファミリーレストランなどの深夜営業の停止が続いています。

日本では、１９７０年代から、都市部のコンビニやファミリーレストランで24時間営業をする店が増えていました。深夜の2時や3時になっても、これらのお店で買い物をしたり食事をしたりできるようになっていきました。

ところが、**人手不足が顕著になってきたために、深夜の働き手が少なくなっています。**

そのうえ、それほど景気がいいわけではないので、深夜の客は減っています。深夜に店を開けて、働く人の時間給を高くすると、採算が合わなくなってしまいます。

「そんなことなら、むしろ早めに閉店したほうがいい」と判断をする店も増えています。

11 「ひきこもり」と「8050問題」

ひきこもりが問題になっています。

しばらく前まで、ひきこもりといえば、若者の問題でした。学校に行くことを拒否して、自室にこもることが問題になっていました。

★中年のひきこもりが増加

ところが、**近年、中年のひきこもりが問題**になっています。

近年の調査では、**60万人を超える人が、働く年になっても働かずに家にひきこもっている**といわれています。

ひきこもりには、さまざまな原因があります。

学校や職場でいじめにあったり、いやなことがあったりして、人と会うことができなくなり、自分の部屋に閉じこもることが多いようです。

また、希望しているところに就職できず、そのまま働く意思をなくした人もいるようです。

いったんひきこもると、外に出ることができなくなって、長期化してしまいます。

日本社会は、親などの保護者が子どもが成人しても面倒を見る傾向が強いために、いっそうそのような人が多いといわれています。

★「8050問題」

「8050問題」といわれる問題も浮上しています。

ひきこもりをしている人が50歳になり、親が80歳になることをいいます。

親が80歳を超えると、自分たちで生活できなくなることが増え、死亡したり、施設に入ったりします。人の面倒を見る余裕がなくなります。

その家庭にひきこもった子どもがいて、その子どもが50歳を超えるころになると、親に面倒を見てもらうことができなくなるのです。

そうなると、子どもは50歳前後になって自立を迫られます。

生きるすべがなくなり、そのような状況に絶望した人が起こす事件も実際に起こっています。

現在、最も必要なのは、**ひきこもっている人たちがひきこもりをやめて外の人とコミュニケーションをとるようになり、働く意欲を持つ**ことです。そのために、**社会で支援する**必要があります。

そうすることによって、**労働者不足を幾分か補うことができ、社会全体も円滑に動**

くようになることが期待されています。

Q

例題3

ペットを飼うことについて、あなたの意見を800字以内でまとめなさい。

解説

ペットを飼うことについて意見を書くことが求められていますが、もちろん、体験などを書いても小論文にはなりません。イエス・ノーを尋ねる問題提起をして、それに答えるようにします。

最も書きやすいのは、「ペットを飼うのはよいことか」という問題提起です。

ただし、すぐによいか悪いかを決めずに、メモをとってみます。

ペットを飼うと、どんなよいことがあるでしょうか。

「かわいい」「楽しい」というだけでは、小論文としてはレベルが高くありません。

ペットを飼うことが、社会にとってどんなプラスがあるのかを考えてみます。そして、その際、これまで知識として頭に入れたことを活用できないかを考えてみましょう。

そうすると、

「犬を飼うと、散歩に出るので、みんなが運動をするようになる」

「ペットは、家族のいない人、お年寄りなどにとって家族代わりになり、気持ちを支えてくれる」

「ペットを飼うと、命の大切さを知ることができる。子どもにとっての教育になる」

「ペットによって、動物が自分の思いどおりにならないことを知って、寛大な気持ちになることができる」

などが考えられます。

しかし、よくない面も考えてみましょう。

この場合も、「ペットがいると、出かけられないので不便」というような自分の都合だけでなく、**世の中にとってのペットのよくない面**を考えます。

そうすると、

「ペットを自分の都合で捨てることになることがあるので、ペットを飼うのはよくない」

「ペットから病気がうつることがある」

「ペットはそもそも動物を閉じ込めていることになる」などのマイナス面が考えられるでしょう。
そうしたことに説明や具体例を添えて、「C型」にまとめれば小論文になります。

A

解答例　その1

ペットを飼う家庭が多い。犬や猫などの一般的な人気のある動物だけではなく、ハムスターやウサギ、小鳥やカメやヘビなどを飼う家もある。このようにペットを飼うことには利点が多いと私は考える。

確かに、ペットを飼うことには問題点もある。現在、邪魔になったペットを捨てることが問題になっている。ペットに飽きたり、住環境の変化のために飼えなくなったりすると、命あるペットをまるでモノのように捨てるのである。そのために、住宅地に野良犬や野良猫が増えたり、危険な動物がすみついたりするようになって、住民を脅かすことがある。また、ペットが病原菌を運んで病気が広まるといった例も報道されている。だが、そのような問題点はあるにせよ、ペットを飼うことには利点のほうが多いと私は考える。

ペットを飼う最大の利点、それは命の大切さを知ることができることである。現在では、ほとんどの人は病院で、多くの人から隔離されて死を迎える。そのため、子どもたちや若者は死を知らない。死を、まるでゲームの中のことのように考えている。だから、生と死を軽く考えがちだ。しかし、ペットを飼うことによって、人々は死の厳粛さを知る。一度死んでしまったら、二度と動かなくなり、生命を失うことを知る。そして、犬も猫も亀も昆虫も大切な命であることを知る。そうであるからこそ、生命の尊さも理解できる。生命を持つ者への尊敬が生まれるのである。

以上述べたとおり、私はペットを飼う利点のほうが問題点よりも大きいと考える。

A

解答例　その2

現在の日本では、多くの家庭が犬や猫などのペットを飼っている。とくに子どもたちはペットを飼いたがる。では、ペットを飼うのはよいことなのだろうか。

確かに、ペットを飼うことによって、人々を寛大にすることができる。現代人は不寛容だといわれるが、ペットを飼うと、動物が自分の思いどおりにならないことを知る。それぞれの思いで生きていることがわかる。そうすると、すべてが自分の思うとおりにならないからといって怒りだしたりしなくなる。だが、そのようなプラス面はあるにしても、ペットを飼うのはよいことではない。

現在、邪魔になったペットを捨てることが問題になっている。ペットに飽きたり、住環境の変化のために飼えなくなったりすると、命あるペットをまるでモノのように捨てるのである。そのために、住宅地に野良犬や野良猫が増えたり、危険な動物がすみついたりするようになって住民を脅かすことがある。ペットはいうまでもなく、動物である。動物はもともと家庭の中に閉じ込められて生きるようにはできていない。寝る場所を与え、食事を与えるなどの世話はしているにしても、それは生き物を奴隷にしていることを意味する。ペットとして生きること自体、人間のわがままに付き合わされているのである。もうそろそろ、ペットの生きる権利を考えて、ペットとして奴隷扱いするのをやめるべきではないか。本当にペットの命が大切だと考え、ペットを愛するのなら、家の中で奴隷のように飼ったりするべきではないと考える。

以上述べたとおり、私はペットを飼うのはよいことではないと考える。

Part 4

メディア・コミュニケーション系についての基礎知識

ここでは、メディア・コミュニケーション系志望者なら、絶対に知っておかなければならないことをまとめます。

しかし、ここで示す問題は、国際系、社会学系の人も考えておかなければならない問題ばかりといえます。

1 SNSのメリット、デメリット

現在、ツイッター、LINE、フェイスブック、インスタグラム、ユーチューブなどのさまざまなSNS（ソーシャル・ネットワーク・サービス）があり、それらを利用している若者も多いでしょう。

もちろん、SNSには好ましい面もたくさんあります。

プラス面

●**迅速に世界中の人と情報のやりとりができる。**商品を購入したり、交換したり、自分の知識を発信したりできる。

●**自分の楽しい経験などを即座に発信できる。**それを通して、多くの人と友達になれる。他人の発信したものを楽しむことができる。
そうすることで、**友達同士のネットワークができる。**

◉事故や災害の場合も、そこにいる人がすぐにその様子をアップして、**世界中に伝えることができる。**すぐに対策をとることができるようになる。

◉これまでは、新聞社や出版社、テレビ局などが厳選して発信していたが、**一人ひとりが個人目線で発信できる。**そのため、テレビ局では取り上げられなかった視点で発信できる。

◉政府の検閲などなしに自由に発信できる。
自分の意見などを誰からも邪魔されずに語ることができる。

しかし、SNSにも危険なことがたくさんあります。

マイナス面

●**個人情報が漏れてしまう危険性**がある。
そのため、プライバシーが暴かれたり、危害を加えられたりといったことが起こりうる。

●**SNSがいじめなどに使われる**こともある。
ほとんどが匿名であるために、個人を攻撃したり、差別したりして、それが多くの人に広まってしまい、個人を傷つけることになる。

●犯罪やテロのために使われ、闇のルートができてしまう。

●真偽不明の情報が広まってしまう。何が真実なのかわからなくなり、**ニセ情報を信じる人が出てくる**。

そうした状況を踏まえる必要があります。

2 フェイクニュースについての基礎知識

フェイクニュースとは、ウソのニュースのことです。

前項の最後でも少し取り上げましたが、大事なことなので、もう少し詳しく説明します。

SNSではいろいろな情報がやりとりされますが、それはすべてが真実とは限りません。ウソの情報もたくさんあります。

意図的なウソもありますし、勘違いしたり、誤解したりして、間違った情報を出してしまうこともあります。

SNSがやっかいなのは、ウソの情報であっても、間違った情報であっても、独り歩きしてしまって、それを信じる人が大勢いることです。

そうなると、どれが真実なのかわからなくなってしまいます。

たとえば、「大統領が罪を犯すのを見た」という情報を誰かが流したとします。それがウソだったとしても、それを信じる人は必ずいます。

もし、何人もの人が示し合わせて同じウソを流したら、ますます信じる人は多くなるでしょう。

その後、たとえそれがウソだと証明されても、今度は、はじめにウソをついた人たちは、「その証明こそがウソだ」「でっち上げの証拠だ」と主張するでしょう。

そうなると、何が真実なのかわからなくなります。

そして、多くの人が、「もしかしたら、あの大統領は悪い人かもしれない」と思うようになって、信頼されなくなってしまうかもしれないのです。

これまでの社会では「真実はひとつ」というのが原則だったわけですが、SNSのために、真偽がわからない社会になり、一人ひとりが自分にとって都合のいい情報を真実と考えて、互いを信用しなくなるといえるでしょう。

3 これからの新聞の役割

新聞は、これまで世論を形成するのに大事な役割を果たしてきました。

ところが、1960年ころからはテレビによって、2000年以降はインターネットのニュースが普及したため、新聞購読者が減っています。

まず、新聞の役割から考えていきましょう。新聞には、次のような役割があります。

役割

●国民には、現在起こっていること、人間や社会について、知る権利がある。新聞はその権利を尊重し、真実を探り、それを発表して、国民に知らせる役割を持っている。

●政治家はさまざまな行動をとる。とりわけ、**権力を持った人間や組織は、権力にモノをいわせて国民の不利益になるようなこともする。**

新聞は、**権力のそのような行動を監視し、それを時に告発して、いい方向に向かうようにする役割**を持っている。

●新聞紙上で、政治家、識者、一般読者が討論を行い、これからの日本社会をどのようにしていくか、どのような政治体制を選ぶかを含めて、世論を形成する役割がある。

政治家は新聞によって世論を知り、それを考慮して政治を進めていく。

●新聞には、**国民を啓蒙《けいもう》するという役割**もある。

国民は新聞によって社会についての知識を得て、徐々に社会を見る目を養っていく。

そして、政治や経済、社会について自分の意見を持つようになる。

ところが、そのような理想とはかけはなれている面もあります。次のような点が指摘されています。

問題点

●本来は、新聞が権力を監視するべきだが、**記者クラブの存在のために、新聞記者が権力者と友達付き合いをして、きちんと監視しなくなり、政治家の発表を報道するだけになっている。**

●新聞がある程度の理念にもとづいて「党派性」を持つのは当然だが、それが激しくなって、**権力にべったりの新聞、権力に反対ばかりする新聞などに分かれて、安易な同調や空虚な批判ばかりするようになっている。**建設的な議論になっていない。

●本来は読者が議論を深めて、世論を形成するべきだが、ほかのメディアに引きずられたり、購読者の興味を引くために、芸能やスポーツの紙面が増え、**興味本位の記事が増えている。**

社会的レベルの低い記事が多くなっている。

●**新聞はきれいごとばかりを語り、国民の本音を語らなくなっている。**たとえば、事件が起こっても新聞では犯人の実名や生い立ちは隠されている。**詳しく知るには、雑誌やインターネットを見るしかなくなっている。**

4 報道の党派性とは何か

報道には党派性があります。

たとえば、**日本の新聞の場合、『読売新聞』と『朝日新聞』とでは、政治についての報道の仕方がまったく異なります。**『読売新聞』は自民党を支持する傾向にあり、『朝日新聞』は反自民の傾向があります。

この2つの新聞は、多くのケースで報道や意見が異なります。**同じ出来事を扱っても、一方が好意的に政治政策のあり方を語り、その成功を報道するばかりなのに対し、もう一方が、その失敗や問題点ばかりを挙げる**こともしばしばです。

新聞社だけでなく、テレビ局にも同じようなことがいえます。

テレビ局によって、取り上げる内容も、その評価も、そしてゲストとして呼ばれる政治家や学者、評論家の顔ぶれも異なります。

これについての批判が以前から強く出されています。
その人たちは、次のように考えます。

反対

●**報道は客観的であるべき**だ。

いまの報道は党派性を表に出して、事実をゆがめて報道している。たとえば、反自民の新聞社は、はじめから自民党の政策に反対の立場でものを考え、批判記事を書く。

これでは事実は報道されない。

●いまの報道機関は、**党派性が先にあって、それに合わせて記事を用意する**傾向がある。そのために、読者や視聴者も、自分の考えにあった新聞やテレビ局を見ている。

これでは、事実の報道とは程遠い。

それに対して、党派性を許容する意見もあります。
その人たちは、次のように考えます。

賛成

●本当に客観的な行動などない。**人は立場によって、職業によって、思想によって物事を違ったように考える。それぞれの立場での報道機関があるのは当然のこと**だ。報道機関が党派性を持って競い合うのはよいことだ。

●どちらの報道機関に説得力があるかを国民が判断しているうちに、世論ができてくる。むしろ、**党派性を表に出して報道し、国民の支持を得るように努力してこそ、健全な報道になる。**

ただし、もちろん、なかったことを実際に起こったかのように報道したり、あまりに極端な解釈をしたのでは、報道の根本的な理念に反するので、そのようなことは避けたうえで報道を行う必要があります。

5 ネットニュースだけで十分なのか

このような状況の下、ますますインターネットが盛んになり、新聞を購読しない人が増えています。

ラジオやテレビのニュースやインターネットのニュースで十分だと考える人が増えているのです。現在では、新聞を定期購読しているのは、50歳以上の人がほとんどだといわれています。

では、これから先、紙の新聞はなくなって、インターネットのニュースばかりでいいのでしょうか。これについても賛否両論があります。

「新聞がなくなってもいい」という人は、このように考えます。

賛成

●新聞は、報道が瞬時ではない。テレビやネットのニュースよりも遅い。新聞が届くころには、もうその出来事は次の展開に移っている。それよりは、**即座に報道できるテレビやネットがあれば、それでいい。**

●**ネットのニュースや記事、論評をしっかりと読めば、新聞以上の情報を得ることができる。**有料の新聞を購読する必要はない。

●新聞は党派が偏っているので、特定の新聞をとるうちに、その新聞の党派に染まってしまって、ほかの意見を受け入れなくなる。

その点、ネットであれば、さまざまな意見を探し出すことができる。

●ネットによって、新聞社などによるある種の「検閲」を受けていない生の情報や意見を受信できる。そのほうが社会で起こっていることが実際にわかる。

●ネットニュースのほうが動画を加えることができたり、クリックすることでリンクできたりと、深く入り込むことができる。

逆に、「新聞が必要だ」という意見には、次のようなものがあります。

反対

●新聞の場合、間違った情報や、あまりに偏った情報、幼稚な情報などは編集の段階でカットされて人目に触れない。インターネットではそのような情報までもが発信されてしまう。

したがって、**新聞の情報のほうがずっと信頼できる。**
信頼できるメディアとして新聞は必要である。

●**新聞には、しっかりと取材をして深く探求した記事が載る。**
そうした記事なしに、社会を知ることはできない。

●**ネットは、自分に関心のある情報ばかりが目に入るようになっている。**
その点、新聞は、自分の関心のないもの、自分とは反対の意見も目に入る。

●**ネットやテレビは、目を引くもの、映像になるものが話題の中心**になる。
そのため、芸能などについての記事が中心になってしまう。そして、そればかりに目が行って、政治や経済に目が向かない。

ネットでは視野が狭くなってしまう。

●新聞は、たくさんの文字量で社会などを分析する。

新聞を読むことで、人は言葉を正確に読み取る力をつけ、論理的に社会や人を分析できるようになる。

Q

例題4

読書離れが問題になっています。ネットが普及して、本を読むよりも、ネットでゲームをしたり、ネットニュースを確認したりするため、読書をしなくなっているのです。これについて、あなたの意見を800字以内でまとめてください。

解説

「読書離れしていいのかどうか」について考えるといいでしょう。では、読書には、どんなよいことがあるのでしょうか。

「退屈しなくなる」「字が読めるようになる」というのでは、高レベルの小論文になりま

せん。「本を読む人が多いと、社会はどのようによくなるのか」を考えます。

逆に、「読書の必要はない」も考えてみます。

まず「本を読むべきだ」という理由として、

「読書によって、人間に大事な言葉の想像力を身につけられる」

「言葉によって状況を思い描く力を身につけられる」

「言葉でコミュニケーションする基本的な力をつけられる」

「ゲームは言葉を使わないし、スマホなどでは深く文章を読むことができないが、読書なら、論理的な思考をすることができるようになる」

「自分の心を深く見つめることができるようになる」

「深く社会を知ることができるようになる」

などが考えられます。

「読書の必要はない」という方向からは、

「ゲームやネットの記事によって、十分に情報を得ることができる。読書というのは、電子機器がなかった時代の楽しみでしかない」

という意見も考えられますが、書かないほうが無難でしょう。

「読書は必要ない」と書くと、大学での勉強を否定してしまうことになるので、むしろ、これは第2部の「確かに」のあとに書くだけにしておきましょう。

いずれにしても、先ほど紹介した新聞についての説明が、この問題のヒントになります。

なお、この種の問題では、第3部に、自分の意見の根拠を書いたのち、それを改めるための対策を加えることもできます。

「子どものころから、朝読書などの習慣をつける」「本の楽しさを紹介し合うようにする」などの方法があります。

第1部で、「読書は大事だろうか」とすると、イエスに決まっていることになり、不自然になるので、ここは最初から「読書は大事である」と書くほうがいいでしょう。

A

解答例

私は読書離れは好ましくないと考える。読書離れを食い止めるべきである。

確かに、スマホなどが普及したことによって、読書をしなくてもテレビやゲームなどで楽しみを得る方法が増えた現在、読書をする習慣が減るのは、やむを得ない面もある。しかも、うまく使えば、テレビはもちろん、ゲームを通しても、読書と同じように物事を読み取る能力を身につけることができたり、情報を得たりすることもできる。とくに映像の情報は、読書よりもそれらのメディアのほうが強いともいえる。しかし、それでも読書離れを防ぐべきだと私は考える。

人は読書によって、言葉を使いこなす力をつけることができる。小説を読むと、言葉ひとつで人を笑わせたり、泣かせたりできることを知るだろう。読書を楽しむうちに、作家の言葉の使い方を知り、それが自分の身についてくる。そして、言葉を使って、他人とコミュニケーションをとったり、人の考えを理解したり、人と意見交換をしたりする力をつけていくことができる。文学的な価値の高い本などを読むと、それをいっそう深くできるようになる。しかも、文章は論理的にできているので、文字によって論理的に深く物事を考える力を身につけることもできる。そうするためには、子どものころから読み聞かせをしたり、朝読書の習慣をつけたりする必要がある。そうすることによって、読書が当たり前という意識になって、大人になっても本を読み続けるようになる。

以上述べたとおり、読書によって人はさまざまな力をつけることができるので、読書離れを食い止めることが大事だと私は考える。

【著者紹介】
樋口裕一（ひぐち　ゆういち）
1951年大分県生まれ。早稲田大学第一文学部卒業。多摩大学名誉教授。小学生から社会人までを対象にした通信添削による作文・小論文の専門塾「白藍塾」塾長。
著書に250万部のベストセラーになった『頭がいい人、悪い人の話し方』（PHP新書）のほか、『小論文これだけ！』（東洋経済新報社）、『読むだけ小論文』（学研）、『ぶっつけ小論文』（文英堂）、『ホンモノの文章力』（集英社新書）、『人の心を動かす文章術』（草思社）、『音楽で人は輝く』（集英社新書）、『65歳 何もしない勇気』（幻冬舎）など多数。

〈白藍塾問い合わせ先&資料請求先〉
〒161-0033
東京都新宿区下落合1-5-18-208
白藍塾総合情報室（03-3369-1179）
https://hakuranjuku.co.jp
お電話での資料のお求めは
0120-890-195

小論文これだけ！
国際・地域・観光・社会・メディア　超基礎編

2020年 7 月 16 日　第 1 刷発行
2022年 12 月 26 日　第 2 刷発行

著　者――樋口裕一
発行者――駒橋憲一
発行所――東洋経済新報社
〒103-8345　東京都中央区日本橋本石町 1-2-1
電話＝東洋経済コールセンター　03(6386)1040
https://toyokeizai.net/

装　丁…………豊島昭市（テンフォーティ）
ＤＴＰ…………アイランドコレクション
編集協力………松原大輔（パインプレーリー）
校　正…………加藤義廣／佐藤真由美
印　刷…………港北メディアサービス
製　本…………大口製本印刷
編集担当………中里有吾
　Printed in Japan　ISBN 978-4-492-04672-2